吉林省科技发展计划项目（编号：20210601087FG）、

吉林财经大学资助出版图书

中国区域经济发展质量研究

RESEARCH ON REGIONAL
ECONOMIC DEVELOPMENT QUALITY IN CHINA

苏宏伟 著

社会科学文献出版社
SOCIAL SCIENCES ACADEMIC PRESS (CHINA)

摘　要

　　本书致力于研究省际经济发展质量存在差异的成因和影响，深入探讨如何促进中国经济的协调发展。建立国内统一市场、实现区域经济的协调发展对大多数国家而言，都是一个严峻的挑战。区域经济的协调发展要求省份之间有大体一致的公共服务水平，以有效保证生产要素的自由流通，中美贸易摩擦、美国推动下的逆全球化等进一步加剧了这项挑战。当下，一个国家的竞争力主要取决于科技水平，而非自然资源。同样，科技水平和教育水平不高的地区很有可能掉队。

　　中国经济的飞速发展吸引了全世界的目光，1978～2018年，中国的GDP年均增长率达到14.90%。然而，过多的能源消耗以及由此导致的环境污染已成为中国经济高质量发展的阻碍。同时，根据差异衡量标准，中国的区域发展差异较大（具体见第二章分析）。相对来讲，内陆省份落后于沿海地区，全国因此形成经济增长的两大地域组群：高收入、经济增长较快的沿海省份和低收入、经济增长较慢的内陆省份。

　　根据研究，地区存在差异主要有以下几方面的因素：首先，沿海省份因为地域便利，成为出口政策的主要受益者；其次，国外直接投资主要集中在沿海省份；再次，个别地方政府实行地方保护主义一定程度上造成国内市场分割；最后，教育水平地区差异、户籍制度社会保障体制的分割，都加剧了区域差异。

　　第一章将超效率方向性距离函数与Luenberger生产率指标相加特性结合，提出了以资本、劳动和能源为代表的生产要素动态绩效评价指标，构建了以要素生产率评价为基础的经济增长绩效评价体系和评价新方法。研究结果显示：第一，中国生态全要素生产率的年度增长率持续为负，生态全要素生产率变动始终呈现依赖技术进步的"单轮向下驱动模式"；第二，在中国经济增长过程中，各生产要素绩效均处于下降状态，生态全要素能源生产率降幅最大，生态全要素资本生产率降幅次之，生态全要素劳动生产率降幅最小，资本、劳动和能源成为生态全要素生产率持续下滑的共同影响因素；第三，东南沿海和长江中游相比其他地区各生产要素的生产率增长（相对较低的负增长）呈现显著的领先态势，总体上区域协调发展战略并未有效改变要素生产率的增长空间分布特征，地区差距和不平衡发展有逐渐扩大的趋势。从上述结论可以看出，区域协调发展战略是实现区域协调发展的必要条件，但并不是缩小地区发展差距的充分条件，促进经济可持续发展的关键在于扭转生态全要素技术水平持续下降趋势，以及激发生态全要素资本生产率、生态全要素劳动生产率和生态全要素能源生产率的增长潜力。

第二章对 1999～2017 年中国各省份资本、劳动和能源三要素的价格扭曲进行测算，采用泰尔指数、全域 Moran 指数以及核密度函数模型分析了中国各地区资本、劳动和能源要素价格扭曲的区域差距、空间相关性以及动态演进。研究结果主要有以下几点。第一，中国资本要素价格扭曲程度逐渐加剧，东北和黄河中游地区资本要素价格扭曲增速最显著，北部沿海、南部沿海和东部沿海地区资本要素价格扭曲增速最缓；中国资本要素价格扭曲的区域差距较大且保持稳定，资本要素价格扭曲的区域间差距显著超过区域内差距，资本要素价格扭曲区域间差距呈缩小趋势，区域内差距呈扩大趋势；中国资本要素价格扭曲总体上表现为负向的空间集聚效应，效应水平围绕横轴呈倒 U 形变动；资本要素价格扭曲在高值区、中值区和低值区的差距呈缩小趋势。第二，中国劳动要素价格扭曲程度逐渐加剧，西南地区劳动要素价格扭曲程度最高，劳动要素价格扭曲区域差距呈缩小态势；中国劳动要素价格扭曲在空间分布上存在正向空间集聚效应，但效应水平持续降低，欠发达地区和发达地区的劳动要素价格扭曲分别呈空间正相关性和空间负相关性；劳动要素价格扭曲高值区域和低值区域的价格扭曲程度逐渐下降，区域间差距呈扩大的趋势，中值区域价格扭曲程度和区域间差距总体保持稳定。第三，中国能源价格扭曲程度呈先上升而后下降的趋势，各区域能源价格扭曲指数按降序排列依次为黄河中游、东北、西南、长江中游、北部沿海、西北、东部沿海、南部沿海；中国能源价格扭曲的区域差距呈现"扩大－缩小"的演进态势，区域间差距贡献度提高，区域内部差距贡献度持续下降；中国能源价格扭曲在不同区域间存在较强的空间自相关性，能源价格扭曲高值的空间分布集中于东北、黄河中游、西北，能源价格扭曲低值集聚地区主要为南部沿海和东部沿海，集聚区保持着较高的稳定性。第四，中国各地区能源价格扭曲动态演进趋势显示，高值地区和中值地区的能源价格扭曲指数可能进一步下降，区域间差距扩大，而低值地区的能源价格扭曲指数则可能进一步提高，区域间差距缩小。

第三章采用 MES 和非动态面板门限回归方法，分析要素替代弹性，考察在要素价格扭曲影响下技术进步对要素效率产生的影响，结论如下。第一，中国劳动效率呈上升趋势，沿海地区的劳动效率显著超过内陆地区；中国各区域能源和资本对劳动要素普遍存在 MES 替代效应，劳动要素对能源和资本普遍存在 MES 互补效应；中国多数省份劳动要素市场化改革滞后，应重点采取深化户籍制度改革、畅通劳动力和人才社会性流动渠道等措施，完善劳动要素市场化机制，发挥技术进步对劳动效率提升的促进作用。政府应将有限的政策资源用到劳动要素市场化改革上，而不是在市场化改革尚未推进到位时，过度强调技术创新。第二，中国沿海地区和长江中游地区的能源效率高于其他区域；中国各区域劳动和资本对能源要素普遍存在 MES 互补效应，能源要素对劳动和资本普遍存在 MES 替代效应；中国多数省份能源市场化改革滞后，削弱了技术进步对能源效率的促进效应，仅仅依靠技术进步不能显著提高能源效率，还需完善能源市场化机制。

第四章基于中国 A 股上市公司，致力于从企业层面来考察地方保护这种外部性制度安排如何影响企业的经济效率。第一，市场分割与本地企业绩效呈倒 U 形关系，较低强度的市场分割有助于企业绩效的提高，而超过一定强度的市场分割则阻碍了企业绩效的提高；第二，扩大企业规模和提高政府补贴对企业绩效存在抑制作用，对促进本土企业绩效提升不具有可行性；第三，进一步采取替代变量和工具变量的方法进行稳健性检验发现，本书的研究结论十分稳健。

目　录

第一章 生态全要素生产率视角下的
区域经济发展

中国经济发展速度很快，1978～2018 年，中国的 GDP 年均增长率达到 14.90%，创造了世界经济增长史上的奇迹，但中国也为此付出了能源和环境代价，能源消耗与环境污染已由经济增长的软约束逐渐变为硬约束。受错综复杂的国际环境和国内经济深层次矛盾凸显的影响，中国经济发展已经步入结构调整阵痛期与增速换挡期，经济增长的平衡性、协调性与可持续性亟待改善和增强。不管是诠释中国经济发展的奇迹，抑或破解新常态下的能源环境约束与经济增长间的两难选择困境，本书都必须回答四个问题：第一，中国经济增长质量如何？第二，中国经济增长的源泉是什么？第三，中国经济增长是否可持续？第四，中国经济增长的路径是什么？归根结底，对经济增长绩效进行评价以及对成因进行探析无疑是回答上述问题的前提和基础。迄今为止，全要素生产率依然是评价经济增长质量的最重要方式，"尽管存在着局限性，但对经济学家而言，没有比研究经济增长和全要素生产率变动更让人着迷的了"（张军等，2003）。

第一节 生态全要素生产率界定

中国学者对全要素生产率的研究可以分为两个阶段：第一阶段（1983～1989 年），侧重介绍、分析和评价国外的理论方法，并对这些理论进行改进和应用（郑绍濂等，1986；胡祖光，1987；石枕，1988；秦宝庭等，1989）；第二阶段（1990 年以来），侧重测算方法的重构以及与其他问题相结合开展研究，主要有三条主线。第一条主线是对全要素生产率与经济增长之间关系的理论思考。裴小革（1995）、胡永泰（1998）、易纲等（2003）、涂正革（2007）、蔡昉（2013）、朱军（2017）将全要素生产率纳入经济增长过程进行分析，一个普遍的共识是长期经济增长的决定因素或源泉是知识、人力资本积累和制度这样一些内生因素，而非资源数量和人口数量这样一些外生因素，但针对中国全要素生产率对经济增长的贡献率是否只有达到欧美发达国家水平，经济增长才是可持续的仍然存在争议和分歧。现阶段中国经济增长方式正由以粗放经营为主向以集约经营为主转变，应该考虑中国经济增长方式转变的"阶段性"特征和规律。第二条主线是对中国不同时期的全要素生产率进行定量研究。王小波（1993）、沈坤荣（1997）、张军等（2003）、徐家杰（2007）、Fleisher 等（2009）、Li 和 Liu（2011）对中国全要素生产率测算方法的改进和实际测算做出了卓越的贡献，不足之处是这些学者未能充分考虑资源和环境对全要素生产率的约束效应，使得全要素生产率的研究结论启示性减弱。第三条主线是随着学界对经济、能源和环境认识程度的不断深化，以及可持续发展观等一系列新发展观念的提出和完善，学者们发现经济、能源与环境间存在内在的相互作用的反馈机制，只有把经济、能源和环境纳入同一框架下进行研究，才能充分认识三者之间是如何相互影响、相互制约的，从而能更加全面、深入和系统地了解三者之间的作用机理。王兵等（2010）、陈诗一（2011）、匡远凤和彭代彦（2012）、王杰和刘斌（2014）、胡鞍钢等（2015）将能源和环境约束变量纳入全要素生产率的估算模型中，相比将能源和环境变量纳入模型前，全要素生产率有所下降，但由于不同学者选择的能源和环境指标以及观测期缺少一致性，研究结论差异较大。中国全要素生产率的研究已经从"理论思考"延伸到"定量评价"，从"纯粹经济导向"转向"经济与能源环境兼顾导向"，这些转变为中国经济增长质量评价提供了多元化视角以及更为丰富的经验性证据。已有文献对中国全要素生产率的评价，更多着力于总体层面，缺少向更细密层面的深化研究，对经济增长绩效形成的要素源泉测算研究存在明显不足。李兰冰构建"总体绩效－要素绩效－要素贡献度识别"逐层递进的经济增长绩效研究范式，这有助于为经济增长绩效的形成条件和机制提供更加全面的阐释。但已有文献普遍将二氧化碳排放量作为环境污染指标，作为非合意产出纳入全要素生产率模型估计之中，其合理性值得商榷。原因在于现阶段中国仍然没有科学的手段测量二氧化碳排放量，只能参照联合国政府间气候变化专门委员会 2006 年指定的《国家温室气体清单指南第二卷（能源）》中提供的二氧化碳排放公式计算，而 IPCC（Intergovernmental Panel on Climate Change）虽然认为相关排放系数可以是恒定不变的，但由于燃烧技术差异和化学反应的复杂性，估算结果与二氧化碳实际排放量必然存在较大差异，已有研究将依据公式计算的二氧化碳排放量作为非合意产出势必导致全要素生产率估算有偏。

第二节　生态全要素生产率模型构建

一　模型构建

本书基于方向性距离函数构建生态全要素生产率指标。Fukuyama 和 Weber（2009）提出了基于松弛变量的方向性距离函数，有效解决了非径向松弛变量的问题，这使得全要素生产率的评价指标由传统的 Malmquist 指数开始转向 Malmquist-Luenberger 和 Luenberger 生产率指数。与 ML 生产率指数相比，Luenberger 生产率指数作为 Malmquist-Luenberger 指数的一般化形式，不同于 Malmquist-Luenberger 指数的相乘结构，Luenberger生产率指数具有基于差分的相加结构。考虑到全要素生产率指标与分项要素绩效指标之间具有加权平均或算数平均关系（Chang and Hu，2012），采用相加结构的 Luenberger 生产率指数构建全要素生产率框架与分项生产要素的全要素生产率指标模型，更能准确刻画总体绩效与分项生产要素绩效之间的内在逻辑关系。此外，传统 DEA 模型得出的效率值最大为 1，结果会出现多个相同值的 DMU，这不利于对效率水平的进一步区分。为此，本书引入超效率 DEA 模型解决上述问题，构建包含非合意产出、基于投入导向的超效率方向性距离函数。

本书将基于投入导向的超效率方向性距离函数与 Luenberger 生产率指标结合，构建生态全要素生产率指标（ETFPI），具体如下：

$$ETFPI(x^{t+1},y^{t+1},z^{t+1};x^t,y^t,z^t) = \frac{1}{2}[\vec{D}_t(x^t,y^t,z^t) - \vec{D}_t(x^{t+1},y^{t+1},z^{t+1})]$$

$$+ \frac{1}{2}[\vec{D}_{t+1}(x^t,y^t,z^t) - \vec{D}_{t+1}(x^{t+1},y^{t+1},z^{t+1})] \qquad 公式（1-1）$$

其中，$\vec{D}_t(x^t,y^t,z^t)$ 和 $\vec{D}_t(x^{t+1},y^{t+1},z^{t+1})$ 代表第 t 期和第 $t+1$ 期投入在第 t 期生产边界下的总体冗余程度；$\vec{D}_{t+1}(x^t,y^t,z^t)$ 和 $\vec{D}_{t+1}(x^{t+1},y^{t+1},z^{t+1})$ 代表第 t 期和第 $t+1$ 期投入在第 $t+1$ 期生产边界下的总体冗余程度。参照 Chambers 等（1996）的分解思路，ETFPI $(x^{t+1},y^{t+1},z^{t+1};x^t,y^t,z^t)$ 可以分解为生态全要素效率变动 ETFPI_EC $(x^{t+1},y^{t+1},z^{t+1};x^t,y^t,z^t)$ 和生态全要素技术变动 ETFPI_TC $(x^{t+1},y^{t+1},z^{t+1};x^t,y^t,z^t)$：

$$ETFPI\_EC(x^{t+1},y^{t+1},z^{t+1};x^t,y^t,z^t) = \vec{D}_t(x^t,y^t,z^t) - \vec{D}_{t+1}(x^{t+1},y^{t+1},z^{t+1})$$

$$公式（1-2）$$

$$ETFPI\_TC(x^{t+1},y^{t+1},z^{t+1};x^t,y^t,z^t) = \frac{1}{2}[\vec{D}_{t+1}(x^{t+1},y^{t+1},z^{t+1}) - \vec{D}_t(x^{t+1},y^{t+1},z^{t+1})] + \frac{1}{2}[\vec{D}_{t+1}(x^t,y^t,z^t) - \vec{D}_t(x^t,y^t,z^t)] \qquad 公式（1-3）$$

ETFPI 是集所有生产要素于一体的总体绩效评价指标，虽然可以从横向角度分解为生态全要素效率变动和生态全要素技术变动，但仍然无法识别分项生产要素的绩效表现与贡献程度。Chang 和 Hu（2012）对中国银行业的 Luenberger 生产率指标进行了要素层面的分解，但并未考虑非期望产出，也未提出系统性的生产要素绩效指标。在已有文献的研究基础上，本书在以下两个方面进行拓展：第一，由全要素生产率的总体绩效评价向分项生产要素绩效评价推进，提出了以全要素资本生产率指标、全要素劳动生产率指标和全要素能源生产率指标为代表的要素绩效评价指标和测度方法；第二，在全要素生产率绩效评价与分项生产要素绩效评价间构建"总－分"结构的评价体系，从生产要素角度对全要素生产率的总体绩效评价进行分解，识别分项生产要素绩效对总体绩效的贡献水平。

构建资本要素的超效率方向性距离函数。$\vec{D}_{k,t}(x^t, y^t, z^t)$ 和 $\vec{D}_{k,t}(x^{t+1}, y^{t+1}, z^{t+1})$ 表示第 t 期和第 $t+1$ 期资本要素投入在第 t 期生产边界下的冗余程度，$\vec{D}_{k,t+1}(x^t, y^t, z^t)$ 和 $\vec{D}_{k,t+1}(x^{t+1}, y^{t+1}, z^{t+1})$ 表示第 t 期和第 $t+1$ 期资本要素投入在第 $t+1$ 期生产边界下的冗余程度。以 $\vec{D}_{k,t}(x^t, y^t, z^t)$、$\vec{D}_{k,t}(x^{t+1}, y^{t+1}, z^{t+1})$、$\vec{D}_{k,t+1}(x^t, y^t, z^t)$ 和 $\vec{D}_{k,t+1}(x^{t+1}, y^{t+1}, z^{t+1})$ 分别替换 $ETFPI(x^{t+1}, y^{t+1}, z^{t+1}; x^t, y^t, z^t)$ 中的相应部分，构建生态全要素资本生产率指标：

$$ETFPI_k(x^{t+1}, y^{t+1}, z^{t+1}; x^t, y^t, z^t) = \frac{1}{2}[\vec{D}_{k,t}(x^t, y^t, z^t) - \vec{D}_{k,t}(x^{t+1}, y^{t+1}, z^{t+1})]$$
$$+ \frac{1}{2}[\vec{D}_{k,t+1}(x^t, y^t, z^t) - \vec{D}_{k,t+1}(x^{t+1}, y^{t+1}, z^{t+1})] \qquad 公式（1-4）$$

参照生态全要素生产率的分解思路，生态全要素资本生产率可分解为生态全要素资本效率变动 $ETFPI\_KEC(x^{t+1}, y^{t+1}, z^{t+1}; x^t, y^t, z^t)$ 和生态全要素资本技术变动 $ETFPI\_KTC(x^{t+1}, y^{t+1}, z^{t+1}; x^t, y^t, z^t)$。

$$ETFPI_k(x^{t+1}, y^{t+1}, z^{t+1}; x^t, y^t, z^t) = \underbrace{\vec{D}_{k,t}(x^t, y^t, z^t) - \vec{D}_{k,t+1}(x^{t+1}, y^{t+1}, z^{t+1})}_{ETFPI\_KEC}$$
$$+ \underbrace{\frac{1}{2}[\vec{D}_{k,t+1}(x^{t+1}, y^{t+1}, z^{t+1}) - \vec{D}_{k,t}(x^{t+1}, y^{t+1}, z^{t+1})] + \frac{1}{2}[\vec{D}_{k,t+1}(x^t, y^t, z^t) - \vec{D}_{k,t}(x^t, y^t, z^t)]}_{ETFPI\_KTC}$$

公式（1-5）

参照 Chang 和 Hu（2012）的研究，在环境污染内生化条件下，生态全要素资本生产率是资本投入目标值与资本投入实际值之比，资本投入目标值是资本投入实际值与资本松弛总量之差。那么，在考虑技术条件下，不同时期的资本投入目标值与资本投入实际值可以表示如下：

$$ETFPI_{k,t}^{t} = \frac{Target\ capital\ input\ under\ technology\ in_{t}}{Actual\ capital\ input\ in_{t}} = 1 - \vec{D}_{k,t}(x^{t},y^{t},z^{t})$$

公式（1-6）

$$ETFPI_{k,t}^{t+1} = \frac{Target\ capital\ input\ under\ technology\ in_{t+1}}{Actual\ capital\ input\ in_{t}} = 1 - \vec{D}_{k,t+1}(x^{t},y^{t},z^{t})$$

公式（1-7）

$$ETFPI_{k,t+1}^{t} = \frac{Target\ capital\ input\ under\ technology\ in_{t}}{Actual\ capital\ input\ in_{t+1}} = 1 - \vec{D}_{k,t}(x^{t+1},y^{t+1},z^{t+1})$$

公式（1-8）

$$ETFPI_{k,t+1}^{t+1} = \frac{Target\ capital\ input\ under\ technology\ in_{t+1}}{Actual\ capital\ input\ in_{t+1}} = 1 - \vec{D}_{k,t+1}(x^{t+1},y^{t+1},z^{t+1})$$

公式（1-9）

由公式（1-6）至公式（1-9）可得：

$$ETFPI_{k} = \left[ETFPI_{k,t+1}^{t+1} - ETFPI_{k,t}^{t}\right] + \frac{1}{2}\left[(ETFPI_{k,t+1}^{t} - ETFPI_{k,t}^{t+1}) + \right.$$
$$\left. (ETFPI_{k,t}^{t} - ETFPI_{k,t}^{t+1})\right]$$

公式（1-10）

依据公式（1-5），本书可以构建生态全要素劳动生产率和生态全要素能源生产率指标，如公式（1-11）和公式（1-12）所示。

$$ETFPI_{l}(x^{t+1},y^{t+1},z^{t+1};x^{t},y^{t},z^{t}) = \underbrace{\frac{\vec{D}_{l,t}(x^{t},y^{t},z^{t}) - \vec{D}_{l,t+1}(x^{t+1},y^{t+1},z^{t+1})}{\underbrace{\qquad\qquad}_{ETFPI\_LEC}}}$$
$$+ \underbrace{\frac{1}{2}[\vec{D}_{l,t+1}(x^{t+1},y^{t+1},z^{t+1}) - \vec{D}_{l,t}(x^{t+1},y^{t+1},z^{t+1})] + \frac{1}{2}[\vec{D}_{l,t+1}(x^{t},y^{t},z^{t}) - \vec{D}_{l,t}(x^{t},y^{t},z^{t})]}_{ETFPI\_LTC}$$

公式（1-11）

$$ETFPI_{e}(x^{t+1},y^{t+1},z^{t+1};x^{t},y^{t},z^{t}) = \frac{\vec{D}_{e,t}(x^{t},y^{t},z^{t}) - \vec{D}_{e,t+1}(x^{t+1},y^{t+1},z^{t+1})}{ETFPI\_EEC}$$

$$+ \frac{1}{2}[\vec{D}_{e,t+1}(x^{t+1}, y^{t+1}, z^{t+1}) - \vec{D}_{e,t}(x^{t+1}, y^{t+1}, z^{t+1})] + \frac{1}{2}[\vec{D}_{e,t+1}(x^t, y^t, z^t) - \vec{D}_{e,t}(x^t, y^t, z^t)]$$

$$\underbrace{}_{ETFPI\_ETC}$$

公式（1-12）

由于 $ETFPI(x^{t+1}, y^{t+1}, z^{t+1}; x^t, y^t, z^t)$ 是所有投入生产要素距离函数 $ETFPI_i(x^{t+1}, y^{t+1}, z^{t+1}; x^t, y^t, z^t)$ 的算数平均值（Chang and Hu，2012），那么生态全要素生产率指标与生态全要素资本生产率指标、生态全要素劳动生产率指标以及生态全要素能源生产率指标之间存在如下"总-分"逻辑关系。

$$ETFPI(x^{t+1}, y^{t+1}, z^{t+1}; x^t, y^t, z^t) = \frac{ETFPI_k + ETFPI_l + ETFPI_e}{3} \qquad 公式（1-13）$$

$$ETFPI\_EC(x^{t+1}, y^{t+1}, z^{t+1}; x^t, y^t, z^t) = \frac{ETFPI\_EC_k + ETFPI\_EC_l + ETFPI\_EC_e}{3}$$

公式（1-14）

$$ETFPI\_TC(x^{t+1}, y^{t+1}, z^{t+1}; x^t, y^t, z^t) = \frac{ETFPI\_TC_k + ETFPI\_TC_l + ETFPI\_TC_e}{3}$$

公式（1-15）

二 指标选择与数据来源

本书侧重于考察中国经济增长绩效，基于数据的可得性选择 29 个省份为决策主体（四川与重庆合并，西藏由于数据缺失而剔除）。本书选择资本、劳动和能源作为投入要素，分别采用固定资本存量、就业人数和能源消耗总量予以表征。合意产出采用地区生产总值表示。至于非合意产出指标的选择，本书认为既有研究存在两个不足：一是二氧化碳排放量的计算存在较为严重的估算缺陷，此处不再赘述，据此本书采用环保机构可以有效观测的污染气体排放量作为非合意产出，这使生态全要素生产率的估算结果更为可靠准确；二是已有研究仅考虑污染气体排放，忽略了生产过程产生的固体废物和烟尘粉尘等污染物的排放。非径向距离函数的优点在于考虑了不同生产投入要素和产出变化的差异程度，兼顾了生产要素投入和产出变动的多元性和完整性。为此本书尽可能将生产过程中产生的主要非合意产出纳入研究之中，具体包括工业二氧化硫排放、工业固体废物排放、工业固体废水排放和工业烟尘粉尘排放。

本书选择 1999 ~ 2017 年为样本观测期，原因有三个方面。第一，1998 年发生东南亚经济危机，中国 GDP 增长率从 1997 年的 9.7% 下降到 1998 年的 8.8%，通货膨胀率则从 8.3% 骤降至 0.8%，中国经济受到严重冲击，新一轮改革也在危机中启动，1998 年是中国经济发展的重要节点。第二，新中国成立以来，中国区域发展战略经历了三个时期：1949 ~ 1978 年以公平优先为发展导向，推动内陆地区均衡发展；1979 ~ 1998 年以效率优先为发展导向，扶持沿海地区率先发展；1999 年至今，兼顾公平与效率，鼓励各地区协调发展。可见 1999 年至今具有较为明显的历史阶段性特征。第三，1949 ~ 1998 年的诸多指标数据存在大量缺失，需要估计，而 1999 ~ 2017 年的指标数据相对较为完整。地区生产总值、就业人口数据源于历年《中国统计年鉴》，污染排放数据来自《中国环境统计年鉴》，能源消耗数据来自《中国能源统计年鉴》，固定资本存量数据借鉴单豪杰（2008），采用永续盘存法对中国各省份资本存量进行估计得到。本书将中国 29 个省份划分为七大经济区域，这是因为已有研究普遍采用的三大经济地带的区域划分方法，虽然可以从总体上指出我国东、中、西三个区域的经济发展水平和地域职能，但中国地域广阔，在三大经济地带内部，各地区的经济发展水平、特点和条件仍存在明显的不同，有必要对各地区进行更深入的区分。1996 年 3 月 17 日第八届全国人民代表大会第四次会议提议将中国划分为七大经济区，具体为：长三角地区（上海、江苏和浙江）、东南沿海（广东、福建和海南）、环渤海地区（北京、天津、河北、山西和山东）、东北（黑龙江、吉林、辽宁和内蒙古）、中部地区（河南、湖北、湖南、安徽和江西）、西南［四川、云南、贵州、西藏（由于数据缺失，剔除）和广西］、西北（陕西、甘肃、青海、宁夏和新疆）。

第三节　中国区域生态全要素生产率的
演进与区域差距

为了识别中国经济增长总体绩效的时序特征与区域差异，本节将考察生态全要素生产率的演进特征，剖析地区间差异的发展态势，为中国区域不平衡增长特征提供生产率视角的解释。本书重点考察的是中国区域协调发展战略时期的经济增长绩效，这为传统经济增长绩效研究加入了区域发展战略导向的新维度。

一　中国区域生态全要素生产率的演进

图 1 - 1 至图 1 - 6 显示中国生态全要素生产率的年度增长率在 1999～2017 年内一直处于负向增长，年均增长幅度为 - 1.07%，呈现较为明显的下降趋势，1999～2017 年累计下降了 15.98%。将生态全要素生产率的变动趋势与生态全要素效率和技术变动比较发现，生态全要素生产率的增长率变动与生态全要素效率的增长率变动趋势截然相反，但与生态全要素技术的增长率变动趋势基本一致。其中，生态全要素效率累计增长率在 1999～2017 年提高了 2.06%，生态全要素技术的累计

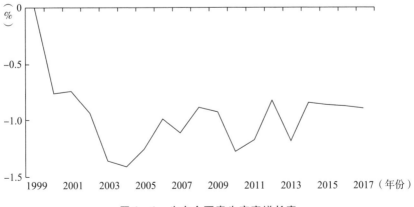

图 1 - 1　生态全要素生产率增长率

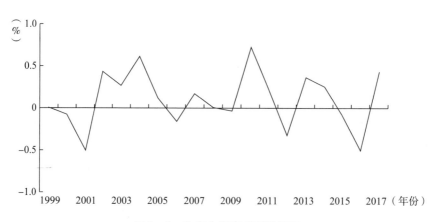

图1-2　生态全要素效率增长率

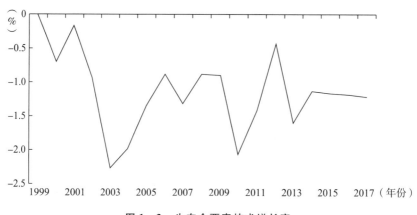

图1-3　生态全要素技术增长率

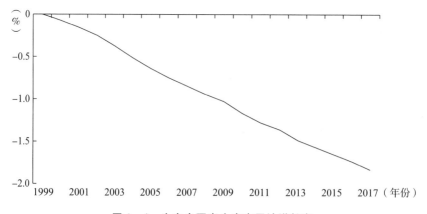

图1-4　生态全要素生产率累计增长率

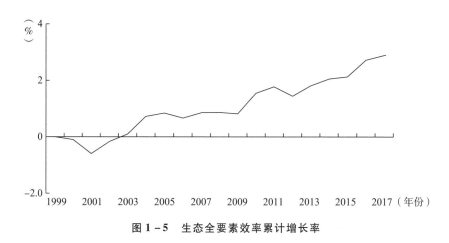

图 1-5 生态全要素效率累计增长率

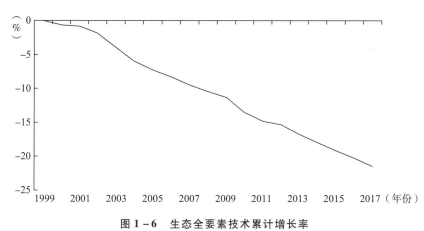

图 1-6 生态全要素技术累计增长率

增长率则下降了 18.04%，生态全要素技术的累计增长率下降幅度显著超过生态全要素效率累计增长率的变动幅度。显而易见，生态全要素技术增长率的持续下降是生态全要素生产率下降的主要驱动因素。

观测期间内，中国生态全要素生产率和生态全要素技术累计增长率呈现相似的累计变动态势，生态全要素效率累计增长率则围绕零值附近呈现复杂的波动交织态势。中国生态全要素生产率驱动模式未出现显著变化，中国生态全要素生产率始终呈现依赖技术进步的"单轮向下驱动模式"。生态全要素技术作为中国生态全要素生产率变动的主要动力，不断推动生产边界向内收缩，在生产边界收缩过程中，生态全要素效率改善微弱甚至出现衰退现象。上述事实意味着中国生态全要素生产率改善面临双重压力，决策主体既要注重增强科技创新能力，又要对资源管理能力的改善给予足够的重视，否则生产要素冗余严重不仅加大成本压力，而且将抵消技术对生态全要素生产率的部分提升作用，成为生产力增长的掣肘因素，造成科技投入资源的隐形损耗。新古典经济学理论认为长期经济增长率主要取决于劳动投入增长率和全要素生产率增长率，而非资本增长率。近年来，中国已经采取了许多措施深化改革，推动自主创新，但结果并不理想。可以预见，中国生态全要素生产率持续负增长的局面短期内很难转变，中国将面对长期经济增长率有可能趋近于零，甚至出现负增长的巨大压力。因而，现阶段中国经济迫切需要解决的是扭转生态全要素技术变动的不断下滑，推动中国生态全要素生产率变动由负转正，使中国生态全要素生产率由技术进步的"单轮向下驱动模式"转为技术进步与效率追赶的"双轮向上驱动模式"。

二　中国生态全要素生产率的区域差距

区域差距是中国经济发展的主要矛盾之一，对中国经济增长的平衡与协调产生了极大制约，全要素生产率是推动经济增长的关键因素，其在区域间的差距是收敛还是扩大，将对区域协调和平衡产生重大影响。表 1-1 显示在 1999~2017 年，中国七大经济区的生态全要素生产率均呈下降趋势，各地区的生态全要素生产率的平均增长率均为负数，各区域经济增长绩效持续下滑，累计降低幅度按降序排列依次是西北、东南沿海、东北、西南、中部地区、环渤海地区和长三角地区，标准差显示东南沿海地区的生态全要素生产率离散程度扩大趋势显著超过其他经济区。各经济区生态全要素效率的平均增长率显著低于生态全要素生产率，其中西北地区的生态全要素效率的增长率和累计增长率均高于其他地区，分别为 0.36% 和 4.51%，这可能是西北地区生态全要素效率的初始水平较低，后发赶超效应逐渐显现的结果。此外，东南沿海、东北和环渤海地区的生态全要素效率的平均增长率和累计增长率均低于全国平均水平。七大经济区的生态全要素技术的增长率均为负，其下降幅度显著超过各地区生态全要素效率的提高幅度，进一步印证了生态全要素技术是中国生态全要素生产率的关键影响因素，生态全要素技术的累计降幅按降序排列依次为西北、东南沿海、西南、中部地区、东北、长三角地区和环渤海地区。

表 1-1　中国区域生态全要素生产率、效率及技术水平增长率

单位：%

指标	ETFPI			ETFPI_EC			ETFPI_TC		
	平均值	总量	标准差	平均值	总量	标准差	平均值	总量	标准差
东南沿海	-1.24	-17.21	2.07	0.05	0.58	2.03	-1.29	-17.79	0.75
东北	-1.08	-15.35	0.21	0.05	1.04	0.87	-1.13	-16.38	0.88
西南	-1.07	-15.30	0.24	0.12	2.28	0.64	-1.19	-17.59	0.71
中部地区	-1.05	-15.08	0.32	0.13	2.23	0.47	-1.18	-17.31	0.66
长三角地区	-0.84	-11.79	0.29	0.20	3.49	0.31	-1.04	-15.28	0.46
环渤海地区	-0.92	-13.04	0.26	0.03	0.97	0.32	-0.95	-14.01	0.46
西北	-1.24	-17.90	0.73	0.36	4.51	0.88	-1.59	-22.40	1.35
全国	-1.07	-15.19	0.36	0.14	2.14	0.33	-1.20	-17.33	0.60

上述分析有以下几点结论。第一，中国东南沿海和长三角地区的生态全要素生产率并未表现出明显的竞争优势，随着西北和西南地区后发优势的凸显，生态全要素生产率在中国七大经济区域可能存在收敛趋势。第二，东南沿海和长三角地区经济总量不断增长，生态全要素生产率却不断下降，与之相比，东北、西北、西南和中部地区面临着发展滞后，生态全要素生产率持续下降，即经济增长总量和经济增长质量双重落后的困局。东北、西北、西南和中部地区在经济总量和经济质量双重压力作用下，其未来发展形势可能进一步恶化，与其他地区间的发展差距将进一步扩大。第三，1999 年以后，西部大开发、振兴东北和中部的区域发展战略意味着中国区域协调发展战略进入实施阶段，但经验性

的证据显示这些区域振兴战略并未有效扭转这些地区经济总量和经济质量落后的局面。

以上发现的经验性证据可以揭示以下两个问题。一是区域发展战略导向转变是实现地区协调发展的必要条件，但不是缩小地区发展差距的充分条件，地区差距由各种相互关联的因素造成，经济、历史、地理等各种因素使沿海地区比内陆地区站在更高的改革起点上。区域协调发展战略为东北和中西部地区追赶东南沿海和长三角地区提供了有利契机，但地区发展差距能否缩小关键在于落后地区能否将区域发展战略与地区性因素相结合，可以制定合理的区域经济政策，促进市场开放度、经济自由度、基础设施水平等投资环境优化，进而实现基于比较优势的市场资源的重新配置。二是地区发展依赖于地区产业发展，一些地区产业发展快于其他地区而形成的集聚经济是区域差距持久存在的重要原因。在区域协调发展战略实施过程中，东南沿海和长三角地区加速向东北和中西部地区进行产业转移。边际产业扩张理论认为对外直接投资和产业转移应选择具有比较劣势或即将淘汰的边际产业，劳动密集型产业率先进入边际产业序列，接着才是资本以及技术密集型产业。东北和中西部地区若仅限于"复制-照搬-模仿"的产业转移模式，不能制定有效的产业转移政策和产业结构政策，不仅无法实现后发优势，而且会陷入具有累积循环效应的贫困陷阱。通过上述研究，本书发现中国生态全要素生产率增速长期为负，地区间生产率差距趋于负向收敛，经济增长方式由依靠要素规模扩张转向依靠生态全要素生产率增长的任务艰巨。本节主要对该现象进行了制度层面的外生因素诠释，亟待从生产要素的内生变量视角识别经济增长绩效的形成机制。作为中国经济增长内生变量的生产要素绩效演进规律如何？不同发展时期和不同地区分项生产要素对经济增长绩效的贡献度有何不同？这些问题的解答将为科学制定中国区域政策提供有益信息。因此，本书迫切需要从生产要素的新视角出发，对中国经济增长绩效形成机理予以探究。

第四节 中国区域生态全要素生产率增长的源泉

经济增长是生产要素与技术水平相互交织的过程，生产要素绩效是经济增长绩效的内源性因素。本节聚焦分项生产要素的生态全要素生产率评价，为中国经济增长绩效的地区差距提供要素层面的成因诠释。

一 分项生产要素的全要素生产率测度

在中国经济快速发展过程中，资本、劳动和能源的要素绩效表现各异。从总体演进趋势看，生态全要素资本生产率、生态全要素劳动生产率和生态全要素能源生产率的变动均呈下降趋势，其中生态全要素能源生产率降幅最大，累计降幅达到22.91%，其后是生态全要素资本生产率和生态全要素劳动生产率，降幅分别为15.18%和7.48%，如图1-7至图1-12所示。显而易见，中国资本、劳动和能源要素的生态全要素生产率存在极大的提升空间，尤其是能源绩效的改善对破解经济增长与节能减排的两难困境至关重要。进一步考察生态全要素生产率的分解项

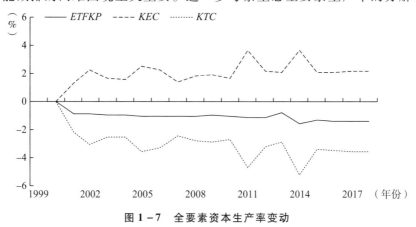

图1-7 全要素资本生产率变动

注：ETFKP为生态全要素资本生产率，KEC和KTC为生态全要素资本效率变动和技术变动。

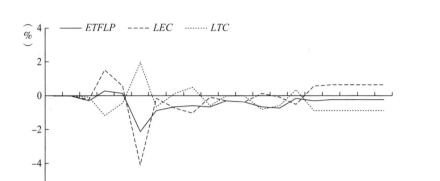

图 1 – 8　全要素劳动生产率变动

注：*ETFLP* 为生态全要素劳动生产率，*LEC* 和 *LTC* 为生态全要素劳动效率变动和技术变动。

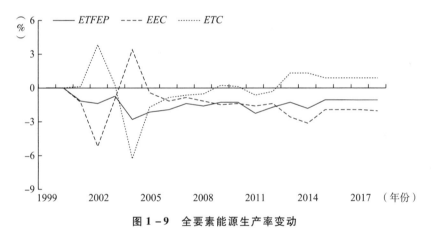

图 1 – 9　全要素能源生产率变动

注：*ETFEP* 为生态全要素能源生产率，*EEC* 和 *ETC* 为生态全要素能源效率变动和技术变动。

发现，资本、劳动和能源的生态全要素生产率的技术变动累计降幅为 51.99%，显著超过资本、劳动和能源的生态全要素生产率效率变动的累计增幅（6.42%），这意味着生态全要素生产率的技术是资本、劳动和能源要素绩效无法有效改善的主要障碍，是生态全要素生产率变动呈现"单轮向下驱动"特征的潜在成因。

投资是促进中国经济增长的重要因素，1999~2017 年中国固定资

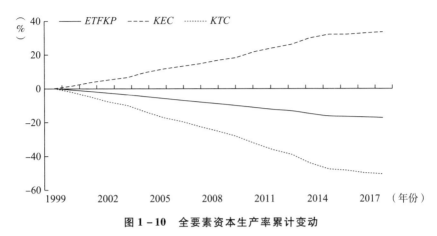

图 1 - 10　全要素资本生产率累计变动

注：ETFKP 为生态全要素资本生产率，KEC 和 KTC 为生态全要素资本效率变动和技术变动。

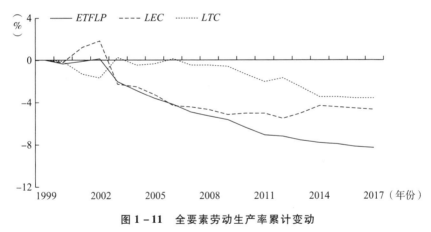

图 1 - 11　全要素劳动生产率累计变动

注：ETFLP 为生态全要素劳动生产率，LEC 和 LTC 为生态全要素劳动效率变动和技术变动。

本存量的年均增速为 18. 16%，2013 年固定资本存量增速达到观测期内 36. 30% 的最高水平。然而，高投资并未扭转生态全要素资本生产率的下滑趋势。表 1 - 2 显示，1999 ~ 2017 年，中国各经济区生态全要素资本生产率普遍下降，主要原因是生态全要素资本技术水平不断下降，即便各经济区生态全要素资本效率增长率普遍提高，仍然无法抵消生态全要素生产率的技术水平下降的负面影响。生态全要素资本生产率的持续

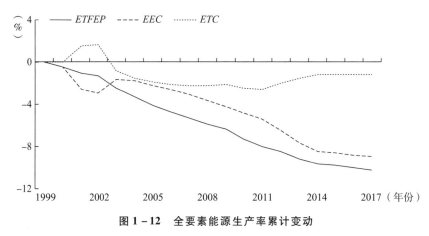

图 1 - 12　全要素能源生产率累计变动

注：ETFEP 为生态全要素能源生产率，EEC 和 ETC 为生态全要素能源效率变动和技术变动。

负增长可能与以下因素相关。第一，改革开放打破了制度藩篱，资本逐利性促使大量资本从低效率领域向高效率领域转移，但随着各领域市场化和国际化程度的提高，资本在不同领域之间转移引致的边际报酬逐步递减。第二，过度投资（如房地产业和钢铁业）导致投资结构扭曲，引发严重的资本闲置和产能过剩。第三，基础设施投资占比高企，中国城市化率由 1999 年的 29.55% 上升为 2017 年的 56.64%，大量资本投入基础设施建设领域，为农民向市民化转变提供公共服务产品保障。尤其是 2008 年中国实施的 4 万亿元投资计划，产生了巨额基础设施资本增量，2009～2017 年的固定资本存量平均增速为 23.61%，远高于前期 1999～2008 年的 14.52%。过多的资本进入房地产、基础设施和产能过剩领域，对工业制造业及研发创新的资本投入产生了不良影响，削弱了各地区生态全要素资本生产率的技术进步效应，直接影响了各区域生态全要素资本生产率的变动，各地区生态全要素资本生产率的增长率总量按升序排列依次为东北、环渤海地区、中部地区、西北、东南沿海、长三角地区和西南。

表 1 - 2　中国区域生态全要素资本生产率、效率及技术水平变动

单位：%

指标	ETFKP		KEC		KTC	
	平均值	总量	平均值	总量	平均值	总量
东南沿海	-1.02	-14.75	1.24	17.81	-2.26	-32.56
东北	-1.20	-17.11	2.42	34.80	-3.62	-51.91
西南	-0.76	-10.57	1.76	25.99	-2.52	-36.56
中部地区	-1.11	-15.70	1.86	26.97	-2.97	-42.67
长三角地区	-0.99	-14.00	2.12	29.93	-3.11	-43.93
环渤海地区	-1.17	-16.64	2.39	34.31	-3.56	-50.94
西北	-1.08	-15.13	2.73	39.32	-3.81	-54.44
全国	-1.07	-15.18	2.11	30.39	-3.18	-45.58

注：ETFKP 为生态全要素资本生产率，KEC 和 KTC 为生态全要素资本效率变动和技术变动。

从全要素生产率及其分解项的变动看，生态全要素劳动生产率及其分解项的下降幅度显著低于资本和能源，这在一定程度上对中国生态全要素生产率的快速下降起到缓解的作用（见表 1 - 3）。尽管中国劳动力就业的结构性矛盾依然突出，但劳动力素质的普遍提高对生态全要素生产率的积极推动作用不容忽视，中国普通本科毕业生从 1999 年的 84.79万人提高到 2017 年的 659.38 万人。高端人力资源提高了中国人力资本水平，这对加速技术模仿、技术追赶和技术扩散以及提高自主研发和创新能力产生了积极影响。然而，中国经济研究者和决策者对中国劳动力资源丰富、成本优势和年龄结构带来的"人口红利"过度关注，使生态全要素劳动生产率变动对经济增长的积极影响被忽视。从生态全要素劳动生产率变动的区域分布看，长三角地区的生态全要素劳动生产率降幅低于其他地区。相比其他地区，长三角地区在薪酬福利、公共服务、工作机会等方面具有相对比较优势，对高质量和高效率的人力资源具有较强的吸引力。此外，长三角地区的产业结构优化升级引致的产业间与地区间劳动要素转移，也会通过就业结构调整推动区域生态全要素劳动生产率的提高。

表 1 – 3 中国区域生态全要素劳动生产率、效率及技术水平变动

单位：%

指标	ETFLP		LEC		LTC	
	平均值	总量	平均值	总量	平均值	总量
东南沿海	-0.48	-6.73	-0.28	-5.35	-0.21	-1.39
东北	-0.46	-6.43	-0.38	-5.79	-0.07	-0.64
西南	-0.51	-7.06	-0.12	-0.72	-0.39	-6.34
中部地区	-0.54	-7.73	-0.26	-3.58	-0.29	-4.15
长三角地区	-0.42	-6.05	-0.21	-2.11	-0.21	-3.94
环渤海地区	-0.55	-7.88	-0.38	-4.64	-0.16	-3.23
西北	-0.63	-9.38	-0.35	-5.74	-0.28	-3.64
全国	-0.52	-7.48	-0.29	-4.11	-0.23	-3.37

注：ETFLP 为生态全要素劳动生产率，LEC 和 LTC 为生态全要素劳动效率变动和技术变动。

中国经济增长与高能耗、高污染并行，能源消耗与环境污染已经从经济增长的软约束转变为硬约束，节能减排已经上升至国家战略层面。表 1 – 4 显示中国各区域生态全要素能源生产率的年均下降幅度和累计降幅均高于各区域生态全要素资本和劳动的生产率变动幅度，生态全要素能源生产率已经成为各地区生态全要素生产率下降的关键诱因。比较生态全要素能源生产率的分解项发现，生态全要素能源效率降幅显著超过生态全要素能源技术水平降幅，这意味着生态全要素能源生产率提高的关键在于生态全要素能源效率的改善。虽然各地区生态全要素能源效率普遍出现大幅下降，但仍然存在较大空间异质性，东南沿海的生态全要素能源效率下降幅度低于其他地区，这是因为东南沿海高新技术产业发达，但能源资源稀缺，获取能源的机会成本相对较高，迫使这些地区不得不加强能源资源使用管理，以及节能技术的开发和运用。与此同时，其他地区的产业结构普遍以高能耗产业为主，能源资源相对丰富，能源获取成本较低，使得这些地区陷入资源诅咒。

表 1 - 4　中国区域生态全要素能源生产率、效率及技术水平变动

单位：%

指标	ETFEP		EEC		ETC	
	平均值	总量	平均值	总量	平均值	总量
东南沿海	- 1.07	- 15.29	- 0.88	- 11.34	- 0.20	- 3.95
东北	- 1.71	- 23.83	- 1.90	- 24.50	0.19	0.67
西南	- 1.25	- 23.72	- 1.04	- 20.78	- 0.20	- 2.94
中部地区	- 1.54	- 22.12	- 1.37	- 20.16	- 0.18	- 1.97
长三角地区	- 1.54	- 21.59	- 1.41	- 19.67	- 0.13	- 1.92
环渤海地区	- 1.86	- 26.51	- 1.75	- 25.02	- 0.11	- 1.48
西北	- 2.00	- 29.18	- 1.31	- 20.05	- 0.69	- 9.13
全国	- 1.61	- 22.91	- 1.41	- 19.86	- 0.19	- 3.05

注：ETFEP 为生态全要素能源生产率，EEC 和 ETC 为生态全要素能源效率变动和技术变动。

综上分析，资本、劳动和能源的要素生产率变动呈现两大特征。第一，东南沿海和长三角地区的生态全要素资本生产率、生态全要素劳动生产率和生态全要素能源生产率的增长（相对较低的负增长）相比其他地区呈现显著的领先态势，1999 年后的区域协调发展战略导向并未有效改变要素生产率的增长空间分布特征，东南沿海和长三角地区的经济发展始终领先于其他地区，地区间的差距和不平衡逐渐扩大。第二，区域协调发展战略实施期间，资本、劳动和能源的要素生产率增长普遍呈下降态势，共同构成了中国生态全要素生产率增长下滑的深层次要素源泉，这种要素生产率的普遍下滑趋势如果不能及时转变，将阻碍中国经济增长方式的转型。

二　中国区域生态全要素生产率增长的要素源泉识别

表 1 - 5 显示了中国生态全要素生产率变动、效率变动以及技术变动的要素贡献度。首先，1999 ~ 2017 年，能源要素对中国生态全要素生产率下降的平均贡献率居首位，其次是资本要素，劳动要素的贡献率最低，全国层面始终保持"能源 - 资本 - 劳动"要素贡献度依次递减

的分布格局。中国在 1999 年后开始实施区域协调发展战略，东南沿海和长三角地区的生态全要素生产率并未表现出明显的竞争优势，且随着西北和西南地区后发优势的凸显，生态全要素生产率在中国七大经济区域可能存在收敛的趋势。但各区域经济增长绩效的深层次要素源泉仍然存在显著差异。具体而言，资本要素对各区域经济增长绩效下降贡献居首位的区域有东北、西南、长三角地区；能源要素对各区域经济增长绩效下降贡献率居首位的区域有中部地区、环渤海地区、西北。

表 1-5　中国生态全要素生产率变动、效率变动和技术变动的要素贡献度

单位：%

区域	ETFPI			EC			TC		
	K	L	E	K	L	E	K	L	E
东南沿海	39.06	15.19	39.50	4362.64	-3629.18	-639.72	83.27	24.53	-14.05
东北	45.43	14.89	33.43	109.79	82.85	-98.90	105.20	-3.12	-8.33
西南	39.79	23.66	30.30	66.97	-4.40	31.18	82.18	13.63	-2.06
中部地区	33.68	16.27	43.80	-393.15	746.10	-259.20	226.72	25.54	-158.51
长三角地区	44.22	18.01	31.52	10.45	47.50	35.80	-371.83	325.91	139.67
环渤海地区	18.96	28.71	46.08	204.04	-61.07	-49.22	163.95	-80.90	10.70
西北	29.63	16.31	47.82	192.48	111.31	-210.04	16.24	23.15	54.36
全国	34.57	18.98	40.19	473.56	-221.23	-158.59	63.36	32.88	-2.49

注："K"表示资本要素，"L"表示劳动要素，"E"表示能源要素。

其次，中国生态全要素效率和技术变动在观测期间内始终保持负增长，对生态全要素生产率增长具有明显的阻碍作用。从中国整体看，资本要素是生态全要素效率下降的主要源泉，劳动和能源要素则与之相反，劳动要素对生态全要素效率下降的阻碍作用超过能源要素。从区域角度看，资本要素是东南沿海、东北、西南和环渤海地区生态全要素效率和技术水平持续下降的源泉；中部地区生态全要素效率和技术水平持续下降的源泉分别为劳动要素和资本要素；长三角地区生态全要素效率和技术水平持续下降的源泉同为劳动要素；西北地区生态全要素效率和

技术水平持续下降的源泉分别为资本要素和能源要素。

第五节　中国区域生态全要素生产率
提升对策选择

本书以实现经济增长绩效向生产要素绩效的梯度推进为核心导向，提出了以"生态全要素资本生产率指标－生态全要素劳动生产率指标－生态全要素能源生产率指标"为代表的生产要素动态绩效考核指标体系，建立了分项生产要素绩效与经济增长绩效有机统一的分析框架，使从生产要素视角诠释经济增长绩效成因变为可能。鉴于此，本书对1999～2017年中国29个省份的生态全要素生产率和分项生产要素的生产率进行了测算，将区域发展战略与地区分布特点相结合，识别不同地区之间的经济增长绩效差异，着重从生产要素绩效层面为中国经济增长绩效的区域差异性提供系统性的解释。

第一，中国生态全要素生产率的年均增长率在1999～2017年一直处于负向增长，生态全要素生产率变动始终呈依赖技术进步的"单轮向下驱动模式"。生态全要素生产率在七大经济区域可能存在收敛趋势。东南沿海和长三角地区经济总量不断提高，经济质量不断下降，与之相比，东北、西北、西南和中部地区面临着经济增长总量和经济增长质量双重落后的困局，七大经济区域的发展差距进一步扩大，区域协调发展战略的实施并未有效减缓和扭转地区差距的扩大。第二，从中国整体看，经济增长过程中各生产要素绩效均处于下降状态，其中生态全要素能源生产率降幅最大，生态全要素资本生产率次之，生态全要素劳动生产率降幅最低；资本、劳动和能源成为中国生态全要素生产率持续下滑的共同要素源泉；生态全要素技术水平下降是资本、劳动和能源要素生产率下降的主要推动力，这也是生态全要素生产率下降呈单轮驱动模式的潜在成因。从区域角度看，东南沿海和长三角地区的全要素资本生产率、全要素劳动生产率和全要素能源生产率的增长（相对较低的负增长）相比其他地区呈现显著的领先态势，区域协调发展战略导向并未有效改变要素生产率的增长空间分布特征，地区间的差距和不平衡逐渐扩大。资本要素对各区域经济增长绩效下降贡献居首位的区域有东北、西南、长三角地区；能源要素对各区域经济增长绩效下降贡献率居首位的区域有中部地区、环渤海地区、西北。

基于上述结论，本书提出如下政策建议。第一，从生态全要素生产率的分解项看，未来中国生态全要素生产率由负增长转为正增长的关键是扭转生态全要素技术水平持续下降的局面，在要素成本显著增加与环境约束不断强化的背景下，通过加强资源管理能力和提高区域间技术溢出效应等措施，实现生态全要素效率的改进，从而为全要素生产率增长由负转正提供新动力，力争实现生态全要素技术进步与效率追赶共同驱动生态全要素生产率提高的双轮驱动模式。第二，从生态全要素生产率的要素层面看，激发生态全要素资本生产率、生态全要素劳动生产率以及生态全要素能源生产率的增长潜力，是促进经济可持续发展的关键。具体而言：一是激活沉淀资本和破除资本配置的结构性障碍将有利于生态全要素资本生产率的增长；二是产业结构优化和能源消费结构的调整将有利于生态全要素能源生产率的增长；三是通过系统性的改革提高劳动者的技能以升级人口红利，从劳动力量的优势转为质的优势，通过不断扩大公共教育投入规模，加快推进户籍制度改革，提高社会保障制度覆盖率，推进以工资集体协商制度为重点的劳动力市场制度建设，创造新的人口红利。第三，区域协调发展战略是实现区域间协调发展的必要条件，但并非缩小地区间发展差距的充分条件。东北和中西部地区不能限于"复制－照搬－模仿"的产业转移模式，要制定有效的产业转移政策和产业结构政策，实现后发优势，摆脱累积循环效应的贫困陷阱。

第二章 要素价格扭曲视角下的区域经济发展

第一节 资本要素价格扭曲的区域差距、空间效应与动态演进

改革开放以来，我国市场配置资源的比重渐趋扩大，国民经济发展取得了令人瞩目的成绩，且改革红利惠及全国，各区域获得了前所未有的进步。然而，我国区域发展格局开始由之前的低水平"人为趋同"转向较高水平的"区域分化"。改革开放之前的近30年，我国一度采取在全国范围内均匀配置工业，试图通过对资源的均衡布局达到各区域共同繁荣的目的，快速消除区域之间的差距。尽管我国确实以极低的经济发展水平实现了某种程度上的区域均衡，但同时也导致我国整体经济发展受到严重抑制。

资本要素市场改革是中国改革过程中的重要现象，但政府对资本要素分配权和定价权的控制使中国资本要素价格存在明显扭曲。我国长期实施计划经济，社会资源配置效率低下，商品资源有效供给不足，经济运行机制亟须转变。但如何在纵横交织、盘根错节的计划经济体制下，找到恰当切入点，既能达到经济体制改革的初衷，又不引发社会经济动荡，是决策者面临的核心问题。我国最终确定价格改革作为我国经济体制改革的突破口，其原因在于价格形成机制的合理化是优化社会资源配置、有效供给、激励生产和引导消费的前提和保证。

一 资本要素价格扭曲研究现状

自 1992 年以来，我国开始加快推进价格市场化改革，计划指令对中国产品市场的束缚正在逐步削弱，市场逐渐成为资源配置的决定性因素。但部分要素仍然存在市场化改革滞后、市场化程度不高的问题。我国资本要素市场化程度已经得到极大改善，但长期实施的计划经济制度存在固有的惯性，已经成为我国资本要素价格扭曲的关键影响因素。资本要素价格扭曲的积极效应正在迅速衰减，对资本要素资源配置的扭曲效应逐渐凸显。首先，资本供给充足与否客观上是相对投资需求而言的（吴武林等，2020），而现实中频繁出现"资本投资不足"相对的是"完成经济增长计划目标所需的资本投资需求"，但这种"资本投资需求"的决策过程对投资效益的考虑较少（程选，1999），甚至完全未考虑，资本要素价格被严重扭曲，很难得到资本市场的支持和承认（刘奕等，2018；郭圣乾等，2018；杨振兵等，2018）。其次，在微观企业层面，政府凭借行政力量将土地、资金、税收和政府补贴等垄断资源配置给企业，政府干预导致资本边际成本被低估，这些企业从较低的资本价格中获益，无须研发、无须提高生产技术就能获利（邓明等，2017；徐莹莹等，2017；马天明等，2017）。在中观产业层面，资本逐利本质使其流向能够获得超额利润的产业（如房地产），而相对资本成本高、利润低的制造业占比逐年减小，发展后劲不足，产业转型升级困难，资本要素配置的结构失衡带来经济结构的失衡（徐明东等，2019；武舜臣等，2017）。在宏观产业层面，资本要素价格的严重扭曲导致资本要素加速外流，经济发展的不平衡逐渐加剧，形成"马太"效应。毋庸置疑，中国市场经济体制在不断完善，纠正和降低资本要素价格扭曲是大势所趋（李言，2020；陈彦斌等，2015；李平等，2014）。

通过对已有文献的梳理发现，既有研究在以下两个方面还有改进的空间。第一，既有研究文献普遍将资本要素价格扭曲作为目标问题的影响因素，对资本要素价格扭曲也基本止步于对其结果的简单描述分析，罕有以资本要素价格扭曲为主线进行的延伸性研究，价格改革是中国经济体制改革的起点和突破口，将资本要素价格扭曲作为主次矛盾中的次要矛盾对待，缺乏对资本要素价格扭曲作为主要矛盾的研究不利于资本要素价格市场化的推进。第二，既有研究忽略了资本要素流动与聚集特性导致的空间相关性，资本要素价格是生产消费过程中不可或缺的资源要素，尤其是高素质资本要素更容易在空间上产生集聚，进而导致资本要素市场扭曲程度上升。不仅如此，如果区域呈现较高的资本要素价格扭曲，必然加剧资本要素向外部转移，因此研究资本要素价格的扭曲问题，有必要考虑资本要素流动带来的空间溢出效应。在此背景下，对中国资本价格扭曲程度现状的清晰认识以及对未来演变趋势的准确判断，无疑是有效推进资本价格市场化的基础性保证。本书以省份为研究单元，从区域角度构建资本要素价格扭曲指数，探寻空间效应对资本要素价格扭曲的影响，把空间效应作为影响资本要素价格扭曲的重要因素，从空间计量经济学的视角研究中国各区域资本要素价格扭曲的程度，科学评价和解释中国资本要素价格扭曲的动态演进趋势。

二　方法与数据

（一）资本要素价格扭曲指数测度

本书借鉴王芃和武英涛（2014）运用边际法则确定研究对象间市场相对扭曲程度的方法构建省域资本要素市场相对扭曲系数，如公式（2-1）所示。

$$\gamma_{Lit} = \frac{Y_{it}}{K_{it}} \times \frac{K_a}{Y_a} \times \frac{P_{ja}}{P_{jit}} \qquad 公式（2-1）$$

在公式（2-1）中，a 是基准省份，本书选取 2017 年市场化指数最高的上海、浙江和福建三个地区作为参照，分别计算资本要素价格扭曲程度，最后取基于上述三个区域的资本要素价格扭曲平均值反映各省份资本要素价格扭曲程度，这样有助于保证结果的稳健性。Y_{it} 代表第 i 省份第 t 年实际总产出，K_{it} 代表第 i 省份第 t 年资本总量。K_a 和 Y_a 分别代表基准省份 2017 年资本总量和实际总产出。P_{ja} 和 P_{jit} 分别表示基准省份 2017 年资本要素价格和各省份各年份的资本要素价格。为便于对结果解释，本书取其倒数反映资本要素价格扭曲程度，指标越大，意味着某一省份相对市场化程度最高的基准省份 2017 年的价格越远，资本要素价格扭曲程度越大。

（二）数据来源与描述

本书测算中国 29 个省份（西藏由于数据缺失严重，从样本中剔除，四川省和重庆市数据合并）1999 ~ 2017 年的资本要素价格扭曲指数，观测期选择 1999 ~ 2017 年有两个方面原因。第一，1998 年发生东南亚经济危机，中国 GDP 增长率从 1997 年的 9.7% 下降到 1998 年的 8.8%，通货膨胀率则从 8.3% 骤降至 0.8%，中国经济受到严重冲击，新一轮改革也在危机中启动，1998 年是中国经济发展的重要节点。第二，新中国成立以来，中国区域发展战略经历了三个时期：1949 ~ 1978 年以公平优先为发展导向，推动内陆地区均衡发展；1979 ~ 1998 年以效率优先为发展导向，扶持沿海地区率先发展；1999 年至今，我国先后启动实施了西部大开发战略、中部崛起战略、东北老工业基地振兴战略、东部率先发展战略，形成了全域性区域政策体系。这表明，自 1999 年以来中国已经逐步进入以缩小区域差距为导向的西部大开发发展阶段和以区域协调发展为导向的共同发展阶段。在促进区域协调发展战略全面实施的新阶段，区域政策实施的目标在于改变经济活动的空间分布，进而有效推动低水平区域发展，兼顾公平与效率，有效推动区域经济社会快速协调发展，1999 年至今具有较为明显的历史阶段性特征。地区生产总值数据源于历年《中国统计年鉴》，本书选择总产出平减指数将历年名义 GDP 转为以 1999 年为基期的实际 GDP。地区资本存量数据借鉴单豪杰（2008），采用永续盘存法对中国各省份资本存量进行估计得到，在计算资本存量过程中，已有研究普遍采用固定资产投资价格指数反映资本要素价格，数据源于《中国统计年鉴》。

表 2-1 为中国各省份 1999~2017 年的资本要素价格扭曲指数。第一，从整体看，资本要素价格扭曲程度呈现渐趋加剧的趋势，从 1999 年的 7.89 稳步提高到 2007 年的 12.13，提高幅度达到 53.74%；然而，自 2008 年始，资本要素价格扭曲程度逐渐加剧，从 2008 年的 13.75 快速提升到 2017 年的 42.41，提升幅度达到 208.44%。第二，从区域看，各区域的资本要素价格扭曲指数变动趋势与全国整体保持一致，均呈现持续稳定提高的趋势，在 2017 年达到观测期间内的峰值，但扭曲程度存在差异，2017 年资本要素价格扭曲程度按降序排列依次为黄河中游、西北、东北、东部沿海、北部沿海、长江中游、西南、南部沿海。从各区域资本价格扭曲度在 2007~2017 年的增长率看，东北和黄河中游地区增长速度显著超过其他区域，增长率分别为 763.60% 和 610.55%，西北、西南和长江中游增长速度处于中间水平，增长率分别为 460.27%、450.89% 和 440.97%，北部沿海、南部沿海和东部沿海增长速度最为缓慢，增长率分别为 331.28%、326.79% 和 292.88%。第三，从各省份看，资本要素价格扭曲程度期间内均值按降序排名，位居前 10 的省份分别为内蒙古、江西、吉林、江苏、上海、北京、甘肃、贵州、青海、天津。

三　资本要素价格扭曲的区域差距与空间分布

（一）资本要素价格扭曲的区域差距

中国各区域在要素禀赋、技术水平、经济结构、工业化进程等方面存在显著的差异，使中国各省份的资本要素价格扭曲程度呈现明显的差异性。深入研究资本要素价格扭曲程度的区域差异是各地区制定符合实际的改进资本效率目标、切实推进资本要素价格市场化的前提和基础。

表 2 - 1　区域资本要素价格扭曲指数

区域	1999 年	2005 年	2011 年	2017 年	均值	区域	1999 年	2005 年	2011 年	2017 年	均值
全国	7.89	10.72	18.59	42.41	18.00	山西	6.55	8.27	16.88	38.38	16.46
北京	16.08	17.77	22.67	44.03	23.69	内蒙古	10.01	17.20	36.58	98.25	32.54
天津	8.90	10.15	19.06	47.01	19.58	河南	6.87	8.94	21.93	49.26	19.48
河北	8.19	10.87	20.25	46.54	19.03	陕西	8.40	11.90	20.82	40.37	18.42
山东	7.74	11.07	19.73	38.88	17.56	黄河中游	7.96	11.58	24.05	56.56	21.73
北部沿海	10.23	12.47	20.43	44.12	19.97	福建	3.66	4.98	9.45	23.95	10.12
甘肃	9.09	14.26	23.66	57.95	23.58	广东	7.77	9.71	15.77	37.55	16.35
青海	8.61	13.14	20.47	57.74	20.65	海南	7.39	9.45	11.41	18.79	10.04
宁夏	9.09	13.50	21.65	44.59	18.38	南部沿海	6.27	8.05	12.21	26.76	12.17
新疆	9.25	11.93	18.92	41.64	17.76	广西	4.01	5.62	12.97	27.44	10.94
西北	9.01	13.21	21.18	50.48	20.09	四川	5.25	7.72	12.25	24.31	12.26
辽宁	3.30	4.80	9.42	31.71	10.80	贵州	9.02	12.76	18.67	44.34	20.88
吉林	7.08	9.76	24.47	68.57	25.45	云南	4.29	6.49	11.82	28.19	11.09
黑龙江	5.93	7.08	14.61	40.65	14.99	西南	5.64	8.15	13.93	31.07	13.79
东北	5.44	7.21	16.17	46.98	17.08	安徽	4.78	6.20	10.28	35.40	14.67
上海	15.37	16.90	25.96	48.29	24.67	江西	12.52	19.32	32.19	62.82	29.16
江苏	11.61	16.49	27.86	50.39	24.87	湖北	6.69	8.97	14.23	32.67	14.30
浙江	7.58	11.30	17.87	37.12	17.48	湖南	4.12	6.20	10.79	21.24	9.13
东部沿海	11.52	14.90	23.90	45.26	22.34	长江中游	7.03	10.17	16.87	38.03	16.81

注：表中均值为 1999～2017 年的算术平均值。

本书采用基于泰尔指数演化而来的结构偏离指数评价资本要素价格扭曲程度的区域差异。结构偏离指数等于 0 代表资本要素价格扭曲程度没有区域差异，大于 0 代表资本要素价格扭曲程度区域差距加大。

表 2-2 显示中国资本要素价格扭曲偏离指数显著大于 0，这意味着资本要素价格扭曲的区域差距显著，且在 1999～2017 年基本保持稳定。具体而言，资本要素价格扭曲偏离指数在观测期间内最低值为 2.35，最高值为 3.12，区间内最大波动幅度为 32.77%，总体保持稳定。观察地区间和地区内偏离指数变动发现，资本要素价格扭曲的地区间差距显著超过地区内差距，地区间和地区内差距观测期间内的波动幅度分别为 -1.52% 和 3.60%，资本要素价格扭曲地区间差距呈缩小的趋势，资本要素价格扭曲地区内差距呈现扩大趋势。各地区资本要素价格扭曲的地区内差距波动幅度按降序排列依次为黄河中游、东北、南部沿海、西南、长江中游、西北、北部沿海、东部沿海。

进一步分析资本要素价格扭曲区域差距扩大的贡献度（见表 2-3），地区间差距对整体资本要素价格扭曲差距扩大的贡献一直处于较高水平，且在观测期间内总体上保持稳定，其贡献率在 1999～2017 年平均值为 65.71%，与此同时，地区内差距对整体资本要素价格扭曲差距扩大的贡献一直处于较低水平，贡献度观测期间内均值为 34.29%。换言之，中国资本要素价格扭曲区域差距扩大根本在于地区间资本要素价格的扭曲程度扩大。对各区域资本要素价格扭曲差距贡献度变动按降序进行排序依次为黄河中游、东北、南部沿海、西南、长江中游、西北、北部沿海、东部沿海。值得注意的是，资本要素价格扭曲的地区间差距未呈现明显的"收敛或者俱乐部收敛"现象，但沿海区域内部的资本要素价格扭曲差距明显呈缩小趋势，显著区别于内陆区域。受经济、政策、地理、历史等多元因素影响，中国八大经济区的经济水平、国际化程度和产业结构的起点存在显著差异，尽管 1999 年以后中国区域协调发展战略占据主导，但并未缩小资本要素价格的地区间差距。

表 2 - 2 区域资本要素价格扭曲结构偏离指数

年份	地区间	地区内部									结构偏离指数
		北部沿海	西北	东北	东部沿海	黄河中游	南部沿海	西南	长江中游	合计	
1999	1.98	0.27	0.04	0.06	0.30	0.12	0.09	0.09	0.14	1.11	3.09
2002	1.96	0.27	0.04	0.06	0.30	0.13	0.09	0.09	0.14	1.12	3.08
2005	1.96	0.27	0.04	0.06	0.30	0.14	0.08	0.09	0.14	1.11	3.07
2008	1.97	0.26	0.04	0.07	0.28	0.17	0.09	0.09	0.14	1.13	3.10
2011	1.97	0.25	0.04	0.07	0.25	0.21	0.09	0.09	0.14	1.14	3.12
2014	1.98	0.37	0.00	0.00	0.00	0.00	0.00	0.00	0.00	0.37	2.35
2015	1.97	0.24	0.04	0.09	0.23	0.18	0.11	0.1	0.16	1.15	3.12
2016	1.96	0.24	0.04	0.08	0.23	0.19	0.11	0.11	0.16	1.16	3.12
2017	1.95	0.24	0.04	0.08	0.23	0.19	0.11	0.11	0.16	1.15	3.10
变动	-1.52%	-11.11%	0.00%	33.33%	-23.33%	58.33%	22.22%	22.22%	14.29%	3.60%	0.32%

注：表中"变动"项目数据是根据 1999~2017 年原始数据（小数点后超过两位）计算得到，表中数据仅列示小数点后两位。

表 2－3　区域内部及区域间差距对资本要素价格扭曲差异贡献率

单位：%

年份	地区间差距贡献率	地区内部差距贡献率								合计
		北部沿海	西北	东北	东部沿海	黄河中游	南部沿海	西南	长江中游	
1999	64.05	8.77	1.32	2.06	9.68	4.04	2.77	2.81	4.50	35.95
2002	63.69	8.86	1.39	1.95	9.76	4.08	2.93	2.83	4.51	36.31
2005	63.70	8.66	1.40	1.88	9.66	4.67	2.67	2.82	4.53	36.30
2008	63.47	8.25	1.38	2.21	8.96	5.64	2.75	2.86	4.46	36.53
2011	63.29	8.09	1.33	2.36	8.03	6.62	2.75	3.01	4.52	36.71
2014	84.39	15.61	0.00	0.00	0.00	0.00	0.00	0.00	0.00	15.61
2015	63.14	7.73	1.17	2.74	7.50	5.90	3.63	3.21	4.99	36.86
2016	62.83	7.71	1.26	2.70	7.36	6.05	3.54	3.56	4.99	37.17
2017	62.87	7.73	1.35	2.70	7.32	6.13	3.49	3.39	5.04	37.13
变动	-1.84	-11.86	2.27	31.07	-24.38	51.73	25.99	20.64	12.00	3.28

注：表中"变动"项目数据是根据1999~2017年原始数据（小数点后超过两位）计算得到，限于篇幅，表中数据仅列示小数点后两位。

（二）资本要素价格扭曲度空间分布

为进一步研究中国资本要素价格扭曲度在地理空间上的分布和差异，本书在空间经济学视角下，采用全域 Moran 指数（Ord et al.，1995）考察中国各地区资本要素价格扭曲度变动在地理空间上是否存在相关性，同时利用 Moran 散点图分析资本要素价格扭曲度的地理空间集聚效应与差异。Moran 指数取值在 -1 和 1 之间，当指数为正时，空间效应对资本要素价格扭曲度的影响为正向积极作用；当指数为负时，空间效应对资本要素价格扭曲度的影响表现为负向消极作用；当指数为 0 时，空间效应不发挥作用，各地区资本要素价格扭曲度相互独立；当指数等于 1 时，各地区之间的资本要素价格扭曲度在空间上完全正相关；当指数等于 -1 时，各地区之间的资本要素价格扭曲度在空间上完全负相关；指数越大，空间分布的相关性越强，空间集聚效应越显著。

表 2 - 4 显示我国资本要素价格扭曲的 Moran 指数在 1% 显著性水平上均通过显著性检验，说明我国资本要素价格扭曲在不同地区间存在空间自相关性，存在一种较大范围内的空间集聚趋势。中国资本要素价格扭曲 Moran 指数在观测期间内普遍小于 0，这意味着中国资本要素价格扭曲度在空间分布上总体上表现出负向的空间集聚效应，但效应水平围绕横轴呈倒 U 形变动趋势。

表 2 - 4　中国资本要素价格扭曲全域 Moran 指数

年份	Moran's I	P 值	年份	Moran's I	P 值
1999	0.049	0.043	2009	-0.072	0.085
2000	0.036	0.080	2010	-0.083	0.050
2001	0.024	0.015	2011	-0.084	0.047
2002	-0.008	0.012	2012	-0.067	0.100
2003	-0.025	0.067	2013	-0.084	0.049
2004	-0.034	0.094	2014	-0.077	0.069

续表

年份	Moran's I	P 值	年份	Moran's I	P 值
2005	- 0.061	0.021	2015	- 0.051	0.049
2006	- 0.081	0.057	2016	0.046	0.050
2007	- 0.080	0.060	2017	0.049	0.033
2008	- 0.076	0.072			

　　全域 Moran 指数的内涵是地理空间资本要素价格扭曲的整体相关性，其不足在于该指数有可能掩盖中国各地区的空间集群特征。为此，本书进一步采用局域 Moran 指数和局域 LISA 指标直观地刻画中国各地区资本要素价格扭曲与其空间滞后的关系。图 2 - 1 至图 2 - 4 中横轴和纵轴分别为资本要素价格扭曲和临近值的加权值，坐标轴中的四个象限代表四种集群模式：HH（第 1 象限）代表资本要素价格扭曲高的地区被其他资本要素价格扭曲高的地区包围，LH（第 2 象限）代表资本要素价格扭曲低的地区被其他资本要素价格扭曲高的地区包围，LL（第 3 象限）代表资本要素价格扭曲低的地区被邻近的其他资本要素价格扭曲低的地区包围，HL（第 4 象限）代表资本要素价格扭曲高的地区被其他资本要素价格扭曲低的地区包围。其中 HH 象限和 LL 象限代表正的空间相关关系，表示存在地区空间集聚，LH 象限和 HL 象限代表负的

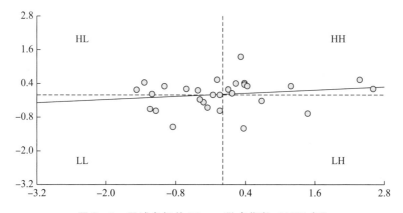

图 2 - 1　局域自相关 Moran 散点指数（1999 年）

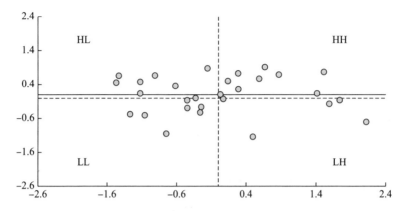

图 2 - 2　局域自相关 **Moran** 散点指数（2005 年）

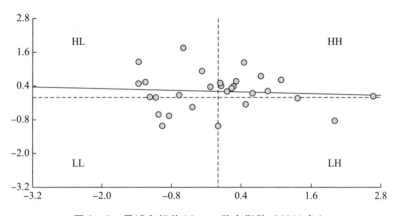

图 2 - 3　局域自相关 **Moran** 散点指数（2011 年）

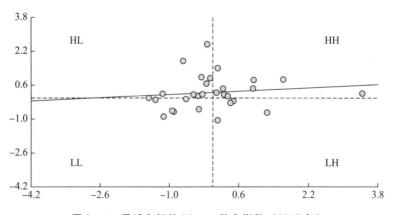

图 2 - 4　局域自相关 **Moran** 散点指数（2017 年）

空间相关关系，表明存在地区空间的异质性，若观测值均匀分布在四个象限则表明地区间不存在空间相关性。

从图 2-1 至图 2-4 可知中国各地区资本要素价格扭曲自相关 Moran 散点分布于 HH 象限和 LL 象限的概率与分布于其他象限的概率基本持平，这两个象限省份数量占整体（29 个省份）比在 1999 年、2005 年、2011 年和 2017 年分别为 58.62%、48.28%、58.62% 和 55.17%。具体而言，1999 年资本要素价格扭曲指数的 Moran 散点处在 HH 象限的有新疆、宁夏、江苏、天津、青海、甘肃、陕西、河北、上海、北京 10 个地区，处在 LL 象限的有河南、湖北、云南、广西、广东、吉林、四川 7 个地区；2005 年资本要素价格扭曲指数的 Moran 散点处在 HH 象限的有新疆、宁夏、江苏、浙江、青海、甘肃、陕西、河北、上海 9 个地区，处在 LL 象限的有湖北、云南、广西、海南、四川 5 个地区；2011 年资本要素价格扭曲指数的 Moran 散点处在 HH 象限的有新疆、宁夏、山东、吉林、天津、青海、甘肃、陕西、内蒙古、河北、上海、北京 12 个地区，处在 LL 象限的有云南、广西、广东、海南、四川 5 个地区；2017 年资本要素价格扭曲指数的 Moran 散点处在 HH 象限的有宁夏、吉林、天津、青海、甘肃、内蒙古、河北、上海、北京 9 个地区，处在 LL 象限的有湖北、湖南、云南、广西、广东、海南、四川 7 个地区。

Moran 散点图固然可以展现不同区域资本价格扭曲的空间效应类别，但鉴于区域的异质性特征，并非所有区域资本价格扭曲均呈现显著的空间效应。据此，本书进一步进行局域 LISA 集群检验，结果发现以下结论。第一，资本要素价格扭曲呈现显著"高-高聚集"特征的区域在 1999 年、2005 年、2011 年和 2017 年分别为天津、甘肃、青海和甘肃、宁夏和甘肃，上述地区可能存在高扭曲的资本要素价格空间溢出效应，较高的资本要素价格扭曲呈现均质化特征，区域呈现资本要素价格高扭曲的发展趋势，区域差异渐趋降低，不仅如此，资本要素价格扭曲高集聚区存在由北部沿海向西北转移的趋势，且逐渐稳定。第二，资本要素价格扭曲呈现显著"低－低聚集"特征的区域首次出现在 2011 年，2017 年同样存在，主要集中于西南区域，上述地区可能存在低扭曲的资本要素价格空间溢出效应。第三，资本要素价格扭曲呈现显著"低－高聚集"特征的区域仅在 2011 年和 2017 年出现，均为黑龙江、陕西和辽宁，上述地区被周边资本要素价格扭曲高的区域所包围，东北和黄河中游地区资本要素价格扭曲可能被动加剧。第四，资本要素价格扭曲呈现显著"高－低聚集"特征的区域在四个观测时点一直为江西和贵州，这两个区域被周边资本要素价格扭曲低的区域包围，资本要素价格扭曲存在降低的可能性。

针对上述经济事实，本书提供了两种可能的解释。第一，1999 年至今，我国先后启动实施了西部大开发战略、中部崛起战略、东北老工业基地振兴战略、东部率先发展战略，形成了全域性区域政策体系。换言之，1999 年以来中国区域政策实施的目标在于兼顾公平与效率。在追求"均衡布局"的计划思想指导下，在微观企业层面，政府凭借行政力量将土地、资金、税收和政府补贴等垄断资源配置给企业，政府干预导致资本边际成本被低估，整个决策过程投资效益无关紧要，资本要素价格被严重扭曲。但在市场经济条件下，资源的空间配置由市场依据资源利用效率决定，高速增长区域出现的根本原因在于该类区域拥有较多投资机会和较高的投资回报率。由于区域间存在要素禀赋差异、产业间存在要素密集度差异，各区域对资本的需求强度必然存在差异。所以，要求区域间实现资本投入的均衡，实现各地区经济的共同繁荣在实践中必然不可实现。第二，在宏观层面，资本要素价格的严重扭曲导致资本要素加速外流，经济发展的不平衡逐渐加剧，形成"马太"效应。南部沿海和东部沿海地区因其明显的区位优势和丰富的要素资源，经济发展速度、规模和质量显著超过内陆地区，区域间资本要素价格差距日趋扩大，内陆欠发达地区资本持续加速流向沿海发达区域，出现跨区域资本要素的大流动格局。可以预见，在"累积循环效应"影响下，具有领先优势地区的经济发展规模和速度不断扩大，资本要素需求不断扩大，而具有劣势的地区受限于起点低、难以从累积循环中获益，进而陷入经济发展规模和速度双重下降的困境，资本要素的总量需求和素质需求均难以有效提高。资本要素由北向南流动的格局短期内不会改变，经济发展区域差距常态化的格局不会有效缓解，资本要素价格扭曲的区域差距格局必然不会得到缓解。

四　中国资本要素价格扭曲的动态演进

上述分析显示中国资本要素价格扭曲在空间分布上存在显著的地区差异，中国各地区资本要素价格扭曲接下来如何发展，是走向改善，还是趋向恶化？本书将采用非参数核密度函数（Kernel Density）模型对中国资本要素价格扭曲空间差异的演进轨迹和变动特征进行深入分析。核密度函数的优势在于其避免了参数模型估计形式设定的主观性，选择从数据本身出发研究数值的分布特征，本书采用高斯核函数对中国资本要素价格扭曲的动态演进趋势进行估计。根据上述对中国各地区资本要素价格扭曲的测算，以及地区差异和空间集聚效应的分析，本书将 29个样本观测地区划分为三个部分：第一部分为资本要素价格扭曲高值区，包括内蒙古、江西、吉林、江苏、上海、北京、甘肃；第二部分为资本要素价格扭曲中值区，包括贵州、青海、天津、河南、河北、陕西、宁夏、新疆、山东、浙江、山西、广东；第三部分为资本要素扭曲低值区，包括黑龙江、安徽、湖北、四川、云南、广西、辽宁、福建、海南、湖南。同时选取 1999 年、2005 年、2011 年和 2017 年 4 年的截面数据作为考察对象，根据其核密度分布曲线来分析各地区资本要素价格扭曲的动态演进趋势及其对整体态势的影响。

图 2－5 显示，分布曲线对应的波峰峰值在观测期间内呈先升后降、波峰宽度持续扩大的演进趋势，显示资本要素价格扭曲先升后降，区域

间差距逐渐扩大的趋势。2005 年分布曲线的位置相对 1999 年整体向右移动，2005 年分布曲线峰值相对 1999 年呈现显著的下降趋势，2005 年分布曲线左侧拖尾小幅向右收缩、右侧拖尾小幅向右延伸，延伸幅度超过 1999 年，这意味着区域内部相对低值地区和相对高值地区的资本要素价格扭曲下降的调整速度在加快。2011 年分布曲线峰值与 2005 年相比大幅下降，2017 年分布曲线峰值相比 2011 年再次大幅下降，2005 年、2011 年和 2017 年峰值相差较为显著。2011 年和 2017 年分布曲线的左侧拖尾和右侧拖尾分别呈现向右收缩、向右延伸的演进趋势，这意味着区域内部相对低值地区和相对高值地区的资本要素价格扭曲下降的调整速度在加快，高值区的调整速度明显超过低值区。图 2 - 6 显示，分布曲线对应的波峰峰值、波峰宽度在观测期间内差异显著，峰值呈现下降趋势，资本要素价格扭曲的区域差距渐趋缩小。2005 年、2011 年和 2017 年分布曲线位置相对上一年均呈现整体向右移动，分布曲线左侧拖尾和右侧拖尾在 2011 年和 2017 年大幅向右延伸，这意味着区域内部相对低值地区和相对高值地区的资本要素价格扭曲下降的调整速度在加快，且高值区的调整速度明显超过低值区。图 2 - 7 显示，不同年度的分布曲线对应的波峰峰值在观测期间内呈现与中值区相近的演进趋势，本书在此不再赘述。

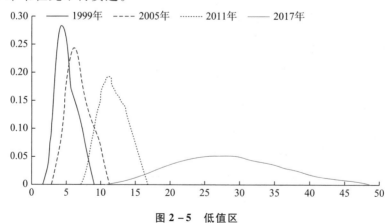

图 2 - 5　低值区

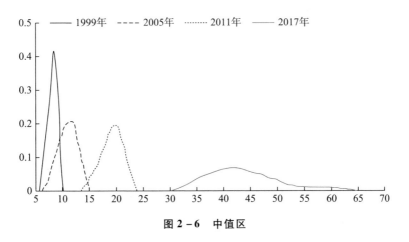

图 2 - 6　中值区

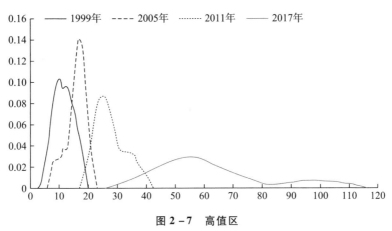

图 2 - 7　高值区

五　资本价格扭曲改善的对策选择

本书在对 1999～2017 年中国 29 个省份资本要素价格扭曲测算的基础上，采用泰尔指数和空间计量方法分析了中国资本要素价格扭曲的区域差距和空间效应，并采用非参数核密度模型对中国资本要素价格扭曲的动态演进趋势进行了估计，结论如下。

第一，中国资本要素价格扭曲程度整体呈加剧的趋势，2017 年资本要素价格扭曲程度按降序排列依次为黄河中游、西北、东北、东部沿海、北部沿海、长江中游、西南、南部沿海，其中东北和黄河中游地区资本要素价格扭曲增速最显著，西北、西南和长江中游区域增长速度处于中间水平，北部沿海、南部沿海和东部沿海增速最缓。第二，中国资本要素价格扭曲的区域差距显著且保持稳定，资本要素价格扭曲的区域间差距显著超过区域内差距，资本要素价格扭曲区域间差距呈缩小的趋势，资本要素价格扭曲区域内差距呈扩大趋势。各地区资本要素价格扭曲的区域内差距波动幅度按降序排列依次为黄河中游、东北、南部沿海、西南、长江中游、西北、北部沿海、东部沿海，区域间差距对整体资本要素价格扭曲差距扩大的贡献一直处于较高水平。第三，中国资本价格扭曲度在空间分布上总体表现负向的空间集聚效应，但效应水平围绕横轴呈倒 U 形变动趋势。资本要素价格扭曲呈现显著 "高 - 高聚集" 特征的区域存在由北部沿海向西北转移的趋势，且逐渐稳定；资本要素价格扭曲呈现显著 "低 - 低聚集" 特征的区域主要集中于西南区域；资本要素价格扭曲呈现显著 "低 - 高聚集" 特征的区域集中于东北和黄河中游，资本要素价格扭曲可能被动加剧；资本要素价格扭曲呈现显著 "高 - 低聚集" 特征的区域一直为江西和贵州，资本要素价格扭曲存在降低的可能性。第四，资本要素价格扭曲在高值区、中值区和低值区的区域间差距呈逐步缩小的趋势，资本要素价格扭曲的相对高值区调整的速度显著超过相对低值区。

区域经济增长与投资增长密切相关。但是不同经济制度下区域实现高速增长的动因、增长实现途径存在显著差异。计划经济制度下区域经济增长目标决定投资率，投资回报无关紧要；而在市场经济制度下，较高的投资回报率和较多的投资机会决定投资率，进而决定区域经济增长。盲目地追求投资在量上的增长，无视投资增长的客观经济规律，势必陷入 "资本供给不足" 的传统思维误区。基于此，本书提出如下建议。

第一，针对资本要素扭曲低值区域，要强化要素价格的市场化决定机制，避免资本要素流失。此外，政策导向应该鼓励促进技术创新，加大对技术的研发经费投入，努力提高资本效率，强化资本要素价格扭曲度低区域对周边区域的空间集聚效应和空间扩散效应。

第二，针对资本要素价格扭曲高值区域，资本要素的定价权应该由政府转给市场，让市场的供求规律决定资本要素的价格，从而使参与生产过程的资本要素获得与其价值相符的回报。如果资本要素价格能够准确反映市场资本的供求，形成资本均衡价格，就不会出现资本要素短缺问题。资本要素的供求缺口由市场价格结清，这是市场经济运行的规律。如果资本要素价格不能反映市场资本要素的供求，被制度性、强制性因素严重扭曲，那么局部性的资本要素供给短缺便不可避免。

第三，从区域角度看，降低资本要素价格扭曲的关键是欠发达地区，欠发达地区是加剧我国资本要素价格扭曲的重点区域，应给予重点改进。欠发达地区应充分认识资本要素价格扭曲与地区经济发展之间的关系，若欠发达地区不考虑要素价格扭曲，虽然在短期内可能会在经济增速上受益，但是在经济增长质量、经济结构以及产业结构上会进一步加大与发达地区之间的差距。具体而言，欠发达地区应科学有序地承接来自发达地区的产业转移，避免陷入"落后—承接—落后—再承接—再落后"的贫困累积陷阱，避免以资源和环境为代价换取短期经济增长，避免固化价格扭曲的空间方位。

第二节　劳动要素价格扭曲的区域差距、
空间效应与动态演进

要素市场改革滞后无疑是中国改革过程中出现的重要现象，政府对各类要素分配权和定价权的控制使得中国要素价格存在明显扭曲。在中国经济体制转轨和改革开放的过程中，价格改革具有里程碑式的重要地位。我国长期实施计划经济，社会资源配置效率低下，商品资源有效供给不足，经济运行机制亟须转变。但如何在纵横交织、盘根错节的计划经济体制下，找到恰当切入点，既能达到经济体制改革的初衷，又不致引发社会经济动荡，是决策者面临的核心问题。事实上，我国在财政、税收等诸多领域，都有不同程度的探索和突破，最终确定价格改革作为我国经济体制改革的突破口。究其原因在于价格形成机制的合理化是优化社会资源配置、有效供给、激励生产和引导消费的前提和保证。

一 劳动要素价格扭曲研究现状

自 1992 年以来，我国开始加快推进价格市场化改革，计划指令对中国产品市场的束缚正在逐步削弱，市场逐渐成为资源配置的决定性因素。但部分要素仍然存在市场化改革滞后、市场化程度不高的问题。我国劳动要素市场化程度已经得到极大改善，但我国实施的城乡户籍制度仍未取消，且已经成为我国劳动要素价格扭曲的关键影响因素。劳动要素价格扭曲的积极效应正在迅速衰减，对劳动要素资源配置的扭曲效应逐渐凸显。首先，由劳动要素价格扭曲形成的人口红利优势，长期而言并非有持续的竞争力（李平等，2014；于明远等，2016；余东华等，2018），且由此产生的竞争力仅在低技术含量产品竞争中有效，在高技术内涵的产品竞争中并不明显，不仅如此，劳动要素价格扭曲使中国制造业陷入了全球价值链底端价格竞争的恶性循环，无助于中国制造业的转型升级（张慧明等，2015；王磊等，2017；戴翔等，2018）。其次，劳动要素价格扭曲固然降低了生产成本，提高了价格比较优势，有助于出口规模的扩大，但本质上是将归属于本国劳动要素的收入变成了对进口国的补贴，据此形成的竞争力对出口国而言是贸易损失（聂辉华等，2012；马述忠等，2016；铁瑛等，2019）。毋庸置疑，中国市场经济体制在不断完善，纠正和降低劳动要素价格扭曲是大势所趋。

通过对已有文献的梳理发现，既有研究以下两个方面还有改进的空间。第一，既有研究文献普遍将劳动要素价格扭曲作为目标问题的影响因素，对劳动要素价格扭曲也基本止步于对其结果的简单描述分析，罕有以劳动要素价格扭曲为主线进行的延伸性研究，价格改革是中国经济体制改革的起点和突破口，将劳动要素价格扭曲作为主次矛盾中的次要矛盾对待，缺乏对劳动要素价格扭曲作为主要矛盾的研究不利于劳动要素价格市场化的推进。第二，既有研究忽略了劳动要素流动与聚集特性导致的空间相关性，劳动要素价格作为生产消费过程中不可或缺的资源要素，尤其是高素质劳动要素更容易在空间上产生集聚，进而导致劳动要素市场扭曲程度上升。不仅如此，如果区域呈现较高的劳动要素价格扭曲，必然加剧劳动要素向外部转移，因此研究劳动要素价格的扭曲问题，有必要考虑劳动要素流动带来的空间溢出效应。在此背景下，对中国劳动要素价格扭曲程度现状的清晰认识以及对未来演变趋势的准确判断，无疑是有效推进劳动价格市场化的基础性保证。本书以省份为研究单元，从区域角度构建劳动要素价格扭曲指数，探寻空间效应对劳动要素价格扭曲的影响，把空间效应作为影响劳动要素价格扭曲的重要因素，从空间计量经济学的视角研究中国各区域劳动要素价格扭曲的程度，科学评价和解释中国劳动要素价格扭曲的动态演进趋势。

二　方法与数据

（一）劳动要素价格扭曲指数测度

本书借鉴王芃和武英涛（2014）运用边际法则确定研究对象间市场相对扭曲程度的方法构建省域劳动要素市场相对扭曲系数，如公式（2－2）所示。

$$\gamma_{Lit} = \frac{Y_{it}}{L_{it}} \times \frac{L_a}{Y_a} \times \frac{P_{ka}}{P_{kit}} \qquad\text{公式（2－2）}$$

在公式（2－2）中，a 是基准省份，本书选取 2017 年市场化指数最高的上海、浙江和福建三个地区作为参照，分别计算劳动要素价格扭曲程度，最后取基于上述三个区域的劳动要素价格扭曲平均值反映各省份劳动要素价格扭曲程度，这样有助于保证结果的稳健性。Y_{it} 代表第 i

省份第 t 年实际总产出，L_{it} 代表第 i 省份第 t 年就业总量。L_a 和 Y_a 分别代表基准省份 2017 年就业总量和实际总产出。P_{ka} 和 P_{kit} 分别表示基准省份 2017 年劳动要素价格和各省份各年份的劳动要素价格。为便于对结果解释，本书取其倒数反映劳动要素价格扭曲程度，指标越大，意味着某一省份相对市场化程度最高的基准省份 2017 年的价格越远，劳动要素价格扭曲程度越大。

（二）数据来源与描述

本书测算中国 29 个省份（西藏由于数据缺失严重，从样本中剔除，四川省和重庆市数据合并）1999～2017 年的劳动要素价格扭曲指数，观测期选择 1999～2017 年的原因有两个方面。第一，1998 年发生东南亚经济危机，中国 GDP 增长率从 1997 年的 9.7% 下降到 1998 年的 8.8%，通货膨胀率则从 8.3% 骤降至 0.8%，中国经济受到严重冲击，新一轮改革也在危机中启动，1998 年是中国经济发展的重要节点。第二，新中国成立以来，中国区域发展战略经历了三个时期：1949～1978年以公平优先为发展导向，推动内陆地区均衡发展；1979～1998 年以效率优先为发展导向，扶持沿海地区率先发展；1999 年至今，我国先后启动实施了西部大开发战略、中部崛起战略、东北老工业基地振兴战略、东部率先发展战略，形成了全域性区域政策体系。这表明，自1999 年以来中国已经逐步进入以缩小区域差距为导向的西部大开发发展阶段和以区域协调发展为导向的共同发展阶段。在促进区域协调发展战略全面实施的新阶段，区域政策实施的目标在于改变经济活动的空间分布，进而有效推动低水平区域发展，兼顾公平与效率，有效推动区域经济社会快速协调发展，1999 年至今具有较为明显的历史阶段性特征。地区生产总值、劳动力就业、劳动要素价格数据源于历年《中国统计年鉴》，本书选择总产出平减指数将历年名义 GDP 转为以 1999 年为基期的实际 GDP。

表 2 - 5 为中国各省份 1999 ~ 2017 年的劳动要素价格扭曲指数。第一，从整体看，劳动要素价格扭曲程度呈现渐趋加剧的趋势，从 1999 年的 0.15 稳定提高到 2017 年的 0.39，提高幅度达到 160%。第二，从区域看，各区域的劳动要素价格扭曲指数变动趋势与中国整体保持一致，均呈现持续稳定提高的趋势，在 2017 年达到观测期间内的峰值，但扭曲程度差异显著，均值按降序排列依次为西南、长江中游、西北、黄河中游、东北、南部沿海、北部沿海、东部沿海。其中，西南地区劳动要素价格扭曲程度均值显著超过其他地区，达到 0.46；长江中游、西北、黄河中游和东北四个区域的劳动要素价格扭曲程度处于中间水平，平均水平为 0.29；南部沿海、北部沿海和东部沿海三个区域的劳动要素价格扭曲程度最低，平均水平为 0.14。第三，从省份看，劳动要素价格扭曲程度期间内均值按降序排名，位居前 10 的省份分别为贵州、甘肃、安徽、广西、云南、河南、四川、江西、湖南、宁夏，且上述省份普遍集中于西南和长江中游地区。

三　中国劳动要素价格扭曲区域差距与空间分布

（一）劳动要素价格扭曲区域差距

中国各区域在要素禀赋、技术水平、经济结构、工业化进程等方面存在显著的差异，中国各省份的劳动要素价格扭曲程度呈现明显的差异性。深入研究劳动要素价格扭曲程度的区域差异是各地区制定符合实际的改进劳动效率目标、切实推进劳动要素价格市场化的前提和基础。本书采用基于泰尔指数演化而来的结构偏离指数评价劳动要素价格扭曲程度的区域差异。结构偏离指数等于 0 代表劳动要素价格扭曲程度没有区域差异，远离 0 代表劳动要素价格扭曲程度区域差距加大。

表 2 - 6 显示中国劳动要素价格扭曲度区域差距在 1999 ~ 2017 年呈现持续缩小的演进态势。具体而言，劳动要素价格扭曲度从 1999 年的 - 2.85 稳定提升到 2017 年的 - 1.91，提升幅度达到 32.98%。观察区

表 2 - 5 区域劳动要素价格扭曲指数

区域	1999 年	2005 年	2011 年	2017 年	均值
全国	0.15	0.19	0.27	0.39	0.22
北京	0.05	0.08	0.13	0.20	0.09
天津	0.08	0.09	0.13	0.19	0.11
河北	0.17	0.21	0.31	0.53	0.26
山东	0.16	0.19	0.27	0.41	0.23
北部沿海	0.09	0.12	0.18	0.27	0.14
甘肃	0.36	0.40	0.50	0.85	0.49
青海	0.27	0.31	0.33	0.48	0.33
宁夏	0.24	0.31	0.37	0.49	0.34
新疆	0.14	0.17	0.28	0.50	0.22
西北	0.22	0.27	0.35	0.55	0.32
辽宁	0.11	0.16	0.20	0.36	0.17
吉林	0.15	0.19	0.23	0.40	0.21
黑龙江	0.13	0.18	0.28	0.49	0.22
东北	0.13	0.18	0.23	0.41	0.20
上海	0.04	0.06	0.10	0.16	0.07
江苏	0.13	0.16	0.18	0.22	0.17
浙江	0.11	0.15	0.18	0.25	0.16
东部沿海	0.08	0.10	0.14	0.20	0.12

区域	1999 年	2005 年	2011 年	2017 年	均值
山西	0.19	0.25	0.39	0.58	0.30
内蒙古	0.18	0.19	0.22	0.43	0.21
河南	0.26	0.34	0.48	0.63	0.40
陕西	0.26	0.30	0.35	0.42	0.32
黄河中游	0.22	0.26	0.33	0.50	0.29
福建	0.11	0.14	0.22	0.29	0.17
广东	0.09	0.12	0.16	0.21	0.13
海南	0.16	0.24	0.37	0.58	0.27
南部沿海	0.12	0.15	0.22	0.30	0.17
广西	0.29	0.43	0.48	0.69	0.45
四川	0.27	0.35	0.42	0.54	0.39
贵州	0.45	0.58	0.67	0.78	0.63
云南	0.27	0.38	0.52	0.75	0.43
西南	0.31	0.42	0.51	0.68	0.46
安徽	0.29	0.45	0.64	0.78	0.48
江西	0.26	0.31	0.41	0.57	0.35
湖北	0.24	0.31	0.38	0.45	0.32
湖南	0.26	0.34	0.38	0.47	0.35
长江中游	0.26	0.34	0.43	0.54	0.37

注：表中均值为 1999～2017 年的算术平均值。

表2-6　区域劳动要素价格扭曲结构偏离指数

年份	地区间	地区内部									结构偏离指数
		北部沿海	西北	东北	东部沿海	黄河中游	南部沿海	西南	长江中游	合计	
1999	-1.80	-0.08	-0.03	-0.05	-0.05	-0.20	-0.06	-0.30	-0.27	-1.05	-2.85
2002	-1.79	-0.06	0.01	-0.04	-0.04	-0.19	-0.05	-0.28	-0.25	-0.90	-2.69
2005	-1.82	-0.05	0.01	-0.04	-0.04	-0.18	-0.05	-0.28	-0.26	-0.88	-2.71
2008	-1.85	0.00	0.06	-0.02	-0.02	-0.15	-0.03	-0.25	-0.22	-0.62	-2.48
2011	-1.88	0.03	0.10	0.00	0.00	-0.12	-0.01	-0.22	-0.20	-0.43	-2.30
2014	-1.91	0.19	0.00	0.00	0.00	0.00	0.00	0.00	0.00	0.00	-1.91
2015	-1.90	0.07	0.15	0.02	0.02	-0.09	0.02	-0.20	-0.17	-0.18	-2.09
2016	-1.91	0.09	0.17	0.03	0.03	-0.08	0.03	-0.19	-0.16	-0.09	-2.01
2017	-1.92	0.10	0.19	0.03	0.04	-0.07	0.04	-0.18	-0.15	0.01	-1.91
变动	6.67%	-225.00%	-733.33%	-160.00%	-180.00%	-65.00%	-166.67%	-40.00%	-44.44%	-100.95%	-32.98%

注："变动"项目数据是根据1999~2017年原始数据（小数点后超过两位）计算得到，限于篇幅，数据仅列示小数点后两位。

域间和区域内差距的变动趋势发现，区域间和区域内差距观测期间内的波动幅度分别为 6.67% 和 − 100.95%，劳动要素价格扭曲地区间差距呈现扩大的趋势，劳动要素价格扭曲区域内差距则呈现出缩小趋势。各地区劳动要素价格扭曲波动绝对值按降序排列依次为西北、北部沿海、东部沿海、南部沿海、东北、黄河中游、长江中游、西南。

从劳动要素价格扭曲度差距扩大的贡献率来看（见表 2 − 7），区域间差距对整体劳动要素价格扭曲差距扩大的贡献一直处于较高水平，且呈现持续提升的趋势，其贡献率从 1999 年的 63.11% 提高到 2017 年的 114.68%。与此同时，区域内差距对整体劳动要素价格扭曲差距扩大的贡献一直处于较低水平，且贡献度持续下降，其贡献率从 1999 年的 36.89% 下降到 2017 年的 − 14.68%。换言之，中国劳动要素价格扭曲的根源在于区域间劳动要素价格的扭曲，而非区域内劳动要素价格的扭曲。

对各区域劳动要素价格扭曲差距贡献率绝对值按降序进行排序依次为西北、北部沿海、东部沿海、南部沿海、东北、黄河中游、长江中游、西南。值得注意的是，劳动要素价格扭曲区域间差距不存在"收敛或者俱乐部收敛现象"，区域内部则较为明显。受经济、政策、地理、历史等多元因素影响，中国八大经济区的经济水平、国际化程度和产业结构的起点存在显著差异，尽管 1999 年以后中国区域协调发展战略占据主导，但并未缩小劳动要素价格的区域间差距。

（二）劳动要素价格扭曲度空间分布

为进一步研究中国劳动要素价格扭曲度在地理空间上的分布和差异，本书在空间经济学视角下，采用全域 Moran 指数（Ord et al.，1995）考察中国各地区劳动要素价格扭曲度变动在地理空间上是否存在相关性，同时利用 Moran 散点图分析劳动要素价格扭曲度的地理空间集聚效应与差异。Moran 指数取值在 − 1 和 1 之间，当指数为正时，空间效应对劳动要素价格扭曲度的影响为正向积极作用；当指数为负时，空间效应对

表 2-7 区域内部及区域间差距对劳动要素价格扭曲差异贡献率

单位：%

年份	地区间差距贡献率	地区内部差距贡献率								合计
		北部沿海	西北	东北	东部沿海	黄河中游	南部沿海	西南	长江中游	
1999	63.11	2.84	0.93	1.88	1.82	7.18	2.05	10.65	9.55	36.89
2002	66.39	2.05	-0.24	1.60	1.58	6.88	1.90	10.53	9.31	33.61
2005	67.32	1.82	-0.48	1.46	1.42	6.78	1.94	10.29	9.45	32.68
2008	74.89	0.19	-2.52	0.70	0.64	5.97	1.14	9.91	9.07	25.11
2011	81.45	-1.41	-4.43	0.12	0.01	5.34	0.49	9.70	8.71	18.55
2014	91.20	-3.41	-7.11	-0.95	-1.07	4.42	-0.80	9.45	8.28	8.80
2015	95.44	-4.30	-8.49	-1.38	-1.55	4.11	-1.41	9.46	8.11	4.56
2016	100.59	-5.34	-10.04	-1.79	-2.00	3.64	-1.99	9.25	7.68	-0.59
2017	114.68	-8.95	-14.47	-2.69	-2.98	1.94	-3.21	8.84	6.83	-14.68
变动	81.71%	-415.14%	-1655.91%	-243.09%	-263.74%	-72.98%	-256.59%	-17.00%	-28.48%	-139.79%

注："变动"项目数据是根据 1999～2017 年原始数据（小数点后超过两位）计算得到，限于篇幅，数据仅列示小数点后两位。

劳动要素价格扭曲度的影响表现为负向消极作用；当指数为 0 时，空间效应不发挥作用，各地区劳动要素价格扭曲度相互独立；当指数等于 1 时，各地区之间的劳动要素价格扭曲度在空间上完全正相关；当指数为 －1 时，各地区之间的劳动要素价格扭曲度在空间上完全负相关；指数越大，空间分布的相关性越强，空间集聚效应越显著。

表 2 － 8 显示我国劳动要素价格扭曲的 Moran 指数在 1% 显著性水平上均通过显著性检验，说明我国劳动要素价格扭曲在不同区域间存在空间自相关性，存在一种较大范围内的空间集聚趋势。我国劳动要素价格扭曲 Moran 指数在观测期间内普遍大于 0 但不断降低，这意味着中国劳动要素价格扭曲度在空间分布上表现出正向的空间集聚效应，但效应水平持续降低。对比不同观测期中国劳动要素价格扭曲程度与 Moran 指数变动趋势，结果显示二者呈现截然相反的走势，中国劳动要素价格扭曲程度持续提高，劳动要素价格扭曲的空间集聚效应持续降低。

表 2 － 8　中国劳动要素价格扭曲全域 Moran 指数

年份	Moran's I	P 值	年份	Moran's I	P 值
1999	0.448	0.000	2009	0.370	0.001
2000	0.465	0.000	2010	0.363	0.001
2001	0.462	0.000	2011	0.359	0.001
2002	0.458	0.000	2012	0.308	0.003
2003	0.449	0.000	2013	0.298	0.004
2004	0.434	0.000	2014	0.257	0.010
2005	0.446	0.000	2015	0.293	0.004
2006	0.446	0.000	2016	0.278	0.006
2007	0.404	0.000	2017	0.262	0.009
2008	0.381	0.000			

全域 Moran 指数的内涵是地理空间劳动要素价格扭曲的整体相关性，其不足在于该指数有可能掩盖中国各地区的空间集群特征。为此，本书进一步采用局域 Moran 指数和局域 LISA 指标直观地刻画中国各地

区劳动要素价格扭曲与其空间滞后的关系。图 2 - 7 至图 2 - 10 中横轴和纵轴分别为劳动要素价格扭曲和临近值的加权值，坐标轴中的四个象限代表四种集群模式：HH（第 1 象限）代表劳动要素价格扭曲高的地区被其他劳动要素价格扭曲高的地区包围，LH（第 2 象限）代表劳动要素价格扭曲低的地区被其他劳动要素价格扭曲高的地区包围，LL（第 3 象限）代表劳动要素价格扭曲低的地区被邻近的其他劳动要素价格扭曲低的地区包围，HL（第 4 象限）代表劳动要素价格扭曲高的地区被其他劳动要素价格扭曲低的地区包围。其中，HH 象限和 LL 象限代表正的空间相关关系，表示存在地区空间集聚，LH 象限和 HL 象限代表负的空间相关关系，表明存在地区空间的异质性，若观测值均匀分布在四个象限则表明地区间不存在空间相关性。

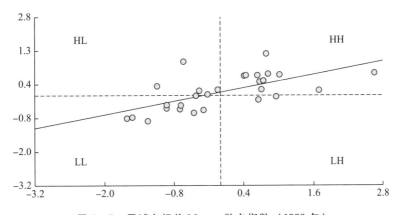

图 2 - 7　局域自相关 Moran 散点指数（1999 年）

从图 2 - 7 至图 2 - 10 可知中国各地区劳动要素价格扭曲自相关 Moran 散点普遍分布在 HH 象限和 LL 象限，这两个象限省份数量占整体（29 个省份）的比重在 1999 年、2005 年、2011 年和 2017 年分别为 75.86%、79.31%、68.97%、55.17%。具体而言：1999 年劳动要素价格扭曲指数的 Moran 散点处在 HH 象限的有陕西、甘肃、青海、宁夏、云南、湖南、广西、四川、贵州、河南、湖北 11 个地区；2005 年劳动要素价格扭曲指数的 Moran 散点处在 HH 象限的有陕西、甘肃、青海、

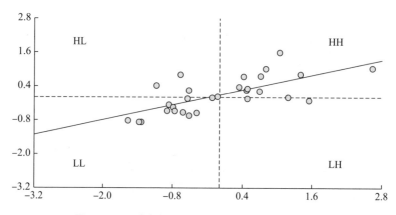

图 2 - 8　局域自相关 Moran 散点指数（2005 年）

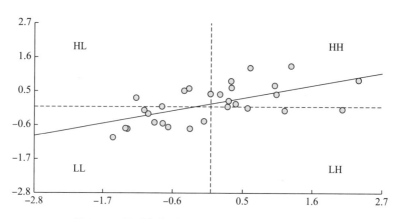

图 2 - 9　局域自相关 Moran 散点指数（2011 年）

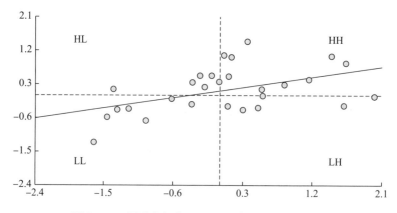

图 2 - 10　局域自相关 Moran 散点指数（2017 年）

宁夏、云南、湖南、广西、四川、贵州、河南、湖北 11 个地区；2011年劳动要素价格扭曲指数的 Moran 散点处在 HH 象限的有陕西、宁夏、山西、云南、湖南、广西、四川、贵州、河南、湖北 10 个地区；2017年劳动要素价格扭曲指数的 Moran 散点处在 HH 象限的有青海、宁夏、山西、云南、广西、四川、贵州、河南 8 个地区。本书进一步通过局域 LISA 集群检验发现，1999 年和 2005 年，劳动要素价格扭曲处于 HH 象限的省份西北和西南地区占比最大，其次是黄河中游和长江中游地区；2011 年西南和黄河中游地区占比最大，其次是长江中游和西北地区；2017 年西北地区占比最大。从各区域所属省份的数量上看，西南地区省份大部分处于 HH 象限，西北地区和黄河中游次之，长江中游则渐趋减少。由此发现，区域经济欠发达地区劳动要素价格扭曲空间正相关性较强，区域经济发达地区劳动要素价格扭曲空间负相关性较强。

针对上述事实，本书提供了两种可能的解释。第一，随着国际分工格局的形成，我国也形成了一个自成体系的国内分工格局，沿海区域重点从事加工制造业，西北、西南、黄河中游普遍从事资源类产业的开发。制造业偏向于资本知识密集型，对人才素质的要求明显高于偏向于劳动密集型的资源类产业，显而易见，高素质劳动要素的价格必然要高于低素质劳动要素的价格，区域产业定位一定程度上决定了区域劳动要素的价格，劳动要素的价格必然影响劳动要素流向，这在一定程度上固化了劳动要素价格扭曲的空间分布。第二，南部沿海和东部沿海因其明显的区位优势和要素资源，经济发展速度、规模和质量都显著超过内陆地区，区域间劳动要素价格差距日趋扩大，内陆欠发达地区高素质人才持续加速流向沿海发达区域，出现了跨区域劳动要素的大流动格局。可以预见，在"累积循环效应"影响下，具有领先优势地区的经济发展规模和速度不断扩大，劳动要素需求不断扩大，具有劣势的地区受限于起点低、难以从累积循环中获益，陷入经济发展规模和速度双重下降的困境，导致劳动要素的总量和素质均难以有效提高。劳动要素由北向南流动的格局短期内不会改变，经济发展区域差距常态化的格局不会有效缓解，劳动要素价格扭曲的区域差距必然不会得到缓解。

四 中国劳动要素价格扭曲的动态演进

上述分析显示中国劳动要素价格扭曲在空间分布上存在显著的地区差异，中国各地区劳动要素价格扭曲接下来如何发展，是走向改善，还是趋向恶化？本书采用非参数核密度函数（Kernel Density）模型对中国劳动要素价格扭曲空间差异的演进轨迹和变动特征进行深入分析。核密度函数的优势在于其避免了参数模型估计形式设定的主观性，取而代之选择从数据本身出发研究数值的分布特征，本书采用高斯核函数对中国劳动要素价格扭曲的动态演进趋势进行了估计。本书根据对中国各地区劳动要素价格扭曲的测算，以及地区差异和空间集聚效应的分析，将29个样本观测地区划分为三个部分：第一部分为劳动要素价格扭曲高值区，包括贵州、安徽、甘肃、广西、云南、河南、四川；第二部分为劳动要素价格扭曲中值区，包括江西、湖南、宁夏、山西、青海、湖北、陕西、海南、河北、黑龙江、新疆、山东、吉林、内蒙古；第三部分为劳动要素价格扭曲低值区，包括辽宁、福建、江苏、浙江、广东、天津、北京、上海。同时选取1999年、2005年、2011年和2017年4年的截面数据作为考察对象，根据其核密度分布曲线来分析各地区劳动要素价格扭曲的动态演进趋势及其对整体态势的影响。

图2-11显示，分布曲线对应的波峰峰值在观测期间内呈现持续下降、波峰宽度持续扩大的演进趋势，显示劳动要素价格扭曲逐渐下降、区域间差距逐渐扩大的趋势。2005年分布曲线位置相对1999年整体向右移动，2005年分布曲线峰值相对1999年呈现显著的下降趋势，2005年分布曲线左侧拖尾小幅向右收缩、右侧拖尾大幅向右延伸，延伸幅度超过1999年，这意味着区域内部相对低值地区和相对高值地区的劳动要素价格扭曲下降的调整速度在加快，高值区的调整速度明显超过低值

区。2011 年分布曲线位置与 2005 年相比小幅下降，2017 年分布曲线峰值位置相比 2011 年小幅下降，但整体 2005 年、2011 年和 2017 年峰值位置相差并不显著。2011 年和 2017 年分布曲线的左侧拖尾和右侧拖尾均呈现向右收缩、向右延伸的演进趋势，这意味着区域内部相对低值地区和相对高值地区的劳动要素价格扭曲下降的调整速度在加快，其中2017 年高值区劳动要素价格扭曲下降的调整速度显著加快。图 2－12显示，分布曲线对应的波峰峰值、波峰宽度在观测期间内基本保持一致，显示劳动要素价格扭曲、区域间差距总体上保持稳定趋势。1999年分布曲线呈现双峰现象，意味着劳动要素价格扭曲两极分化加剧。2005 年、2011 年和 2017 年分布曲线位置相对上一年呈现整体向右移动，分布曲线左侧拖尾在 2005 年和 2011 年小幅向右收缩、右侧拖尾小幅向右延伸，延伸幅度均超过上一年度，这意味着区域内部相对低值地区和相对高值地区的劳动要素价格扭曲下降的调整速度在加快。值得注意的是 2017 年分布曲线的左侧拖尾和右侧拖尾呈现显著向右收缩和向右延伸的演进趋势，这意味着区域内部相对低值地区和相对高值地区的劳动要素价格扭曲下降的调整速度明显加快。图 2－13 显示，不同年度的分布曲线对应的波峰峰值在观测期间内呈现与高值区相近的演进趋势，本书在此不再赘述。

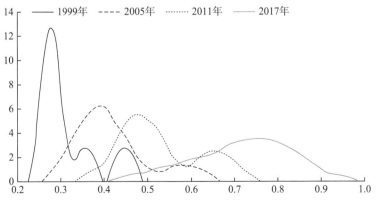

图 2－11　高值区

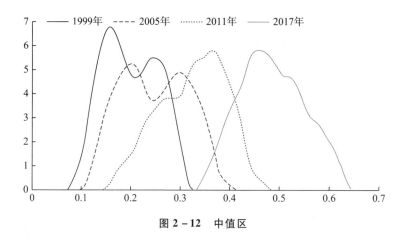

图 2 - 12　中值区

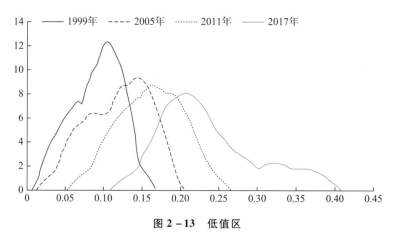

图 2 - 13　低值区

五　劳动要素价格扭曲改善的对策选择

本书在对 1999~2017 年中国 29 个省份劳动要素价格扭曲测算的基础上，采用泰尔指数和空间计量方法分析了中国劳动要素价格扭曲的区域差距和空间效应，并采用非参数核密度模型对中国劳动要素价格扭曲的动态演进趋势进行了估计，结论如下。

第一，中国整体劳动要素价格扭曲程度呈现渐趋加剧的趋势，扭曲程度均值按降序排列依次为西南、长江中游、西北、黄河中游、东北、南部沿海、北部沿海、东部沿海，其中，西南地区劳动要素价格扭曲程度均值显著超过其他地区。第二，中国劳动要素价格扭曲度区域差距呈现持续缩小的演进态势。劳动要素价格扭曲地区间差距呈现扩大的趋势，劳动要素价格扭曲区域内差距则呈现缩小趋势。区域间差距对整体劳动要素价格扭曲差距扩大的贡献一直处于较高水平，且呈现持续提升的趋势，区域内差距对整体劳动要素价格扭曲差距扩大的贡献一直处于较低水平，且贡献度持续下降。第三，中国劳动要素价格扭曲度在空间分布上表现为正向的空间集聚效应，但效应水平持续降低。从各区域所属省份的数量上看，西南地区省份大部分处于 HH 象限，西北地区和黄河中游次之，长江中游则渐趋减少；区域经济欠发达地区劳动要素价格扭曲空间正相关性较强，区域经济发达地区劳动要素价格扭曲空间负相关性较强。第四，劳动要素价格扭曲高值区域和低值区域价格扭曲逐渐下降，区域间差距呈逐渐扩大的趋势；劳动要素价格扭曲中值区域价格扭曲和区域间差距总体上保持稳定趋势。

人口红利是中国劳动要素价格扭曲的阶段性体现，不可否认，在较长的时期内，人口红利对中国经济快速发展、增强产业的国际竞争力发挥了正向效应。在经济发展开始偏重追求质量，而非速度和规模的背景下，人口红利所带来的负向效应开始显现，劳动要素价格扭曲逐渐由经济发展的次要矛盾转化为主要矛盾。然而，在现实生活中，政府非理性政策、市场机制不健全、空间效应的存在不断固化劳动要素价格扭曲的持续性，区域间差距不断扩大。基于此，本书提出如下建议。

第一，针对劳动要素价格扭曲低值区域，要强化要素价格的市场化决定机制，避免高素质劳动要素的流失。此外，政策应该鼓励促进技术创新，加大对技术的研发经费投入，努力提高劳动效率，强化区域的空间集聚效应。

第二，针对劳动要素价格扭曲高值区域，劳动要素的定价权应该由政府转给市场，让市场的供求规律决定劳动要素的价格，从而使参与生产过程的劳动要素获得与其价值相符的回报。如果劳动要素价格能够准确反映市场劳动力的供求，形成劳动力均衡价格，就不会出现劳动要素短缺问题。劳动要素的供求缺口由市场价格结清，这是市场经济运行的规律。如果劳动要素价格不能反映市场劳动要素的供求，被制度性、强制性因素严重扭曲，那么局部性的劳动要素供给短缺或局部性的"民工荒"便不可避免。

第三，从区域角度看，降低劳动要素价格扭曲的关键是欠发达地区，欠发达地区是拉高中国劳动要素价格扭曲的重点区域，应给予重点改进。欠发达地区应充分认识劳动要素价格扭曲与地区经济发展之间的关系，若欠发达地区不考虑劳动要素价格扭曲，虽然在短期内可能会在经济增速上受益，但是在经济增长质量、经济结构以及产业结构上会进一步加大与发达地区之间的差距，这与区域协调发展的目标背道而驰。具体而言，欠发达地区应科学有序地承接来自发达地区的产业转移，避免陷入"落后—承接—落后—再承接—再落后"的贫困累积陷阱。欠发达地区应充分发挥后发优势，以有利于本地产业结构优化升级作为承接产业转移的重要原则之一，避免盲目接受"高能耗、高污染、低附加值"的资源密集型和劳动密集型传统产业，避免以资源和环境为代价换取短期经济增长。

第三节　能源要素价格扭曲的区域差距、空间效应与动态演进

在中国经济体制转轨和改革开放的过程中，价格改革具有里程碑式的重要地位。我国长期实施计划经济，社会资源配置效率低下，商品资源有效供给不足，经济运行机制亟须转变。但如何在纵横交织、盘根错节的计划经济体制下，找到恰当切入点，既能达到经济体制改革的初衷，又不致引发社会经济动荡，是决策者面临的核心问题。事实上，我国在财政、税收等诸多领域，都有不同程度的改革和突破，但最终确定

价格改革作为我国经济体制改革的突破口。究其原因在于价格形成机制的合理化是优化社会资源配置、有效供给、激励生产和引导消费的前提和保证。

一　能源要素价格扭曲研究现状

自 1992 年以来，我国开始加快推进价格市场化改革，计划指令对产品市场的束缚正在逐步削弱，市场已经成为配置大多数最终产品的决定性因素。但部分产品和要素仍然存在市场与计划双轨并行、市场化改革滞后、市场化程度不高的情形。截至 2019 年，中央定价目录显示政府定价种类由 13 种减少到 7 种，其中天然气和电力价格仍然由政府确定。能源要素价格由计划和市场双轨共同确定的局面并未改变，能源要素价格在同一经济体系下存在不同的定价机制，必然造成能源要素价格的扭曲，具体表现为能源要素价格政策扭曲和能源要素价格市场扭曲，前者是市场机制的缺陷，后者是相关政策的非理性。针对能源要素价格扭曲，既有文献进行了广泛的研究，研究的重点普遍侧重于探讨能源要素价格扭曲如何对其他领域产生影响。针对能源要素价格扭曲对能源效率改进和要素替代的影响研究在相关文献中占比较大，他们研究了能源要素价格变动对能源效率影响的差异性，发现能源要素价格变动与能源效率变动呈现负相关关系，能源要素价格扭曲束缚了技术进步和能源效率的提升（何凌云等，2011；林伯强等，2013）。部分研究显示政府过度干预使能源要素价格出现扭曲，要素价格信号机制失灵，能源要素价格的严重扭曲导致大部分经济区"劳动和资本要素"未能对"能源要素"进行有效替代（陶小马等，2009；袁鹏等，2014；Pang et al.，2017）。此外，部分学者从能源要素价格扭曲对碳排放（王玉梅等，2016）、出口（唐杰英，2015），以及经济失衡（王希，2012；林雪等，2015）的影响角度进行了有限的研究。

通过对已有文献的梳理发现，既有研究有以下两个方面改进的空间。第一，既有研究文献普遍将能源要素价格扭曲作为目标问题的影响因素，对能源要素价格扭曲也基本止步于对其结果的简单描述分析，罕有以能源要素价格扭曲为主线进行的延伸性研究，价格改革是中国经济体制改革的起点和突破口，将能源要素价格扭曲作为主次矛盾中的次要矛盾对待，忽视对能源要素价格扭曲作为主要矛盾的研究不利于能源要素价格市场化的推进。第二，既有研究忽略了能源要素流动与集聚特性导致的空间相关性，能源作为生产消费过程中不可或缺的资源要素，更容易在空间上产生集聚，进而导致能源资源要素市场扭曲程度上升。不仅如此，如果区域的能源要素价格扭曲程度较高，也会进一步促使能源要素向外部转移，因此研究能源要素价格的扭曲问题，有必要考虑能源要素流动带来的空间溢出效应。在此背景下，对中国能源要素价格扭曲程度现状的清晰认识以及对未来演变趋势的准确判断，无疑是有效推进能源要素价格市场化的基础性保证。本书以省份为研究单元，从区域角度构建能源要素价格扭曲指数，探寻空间效应对能源要素价格扭曲的影响，把空间效应作为影响能源要素价格扭曲的重要因素，从空间计量经济学的视角研究中国各区域能源要素价格扭曲的程度，科学评价和解释中国能源要素价格扭曲的动态演进趋势。

二　方法与数据

（一）能源要素价格扭曲指数测度

本书借鉴王芃和武英涛（2014）运用边际法则确定研究对象间市场相对扭曲程度的方法构建省份能源市场相对扭曲系数，如公式（2 - 3）所示。

$$\gamma_{Eit} = \frac{Y_{it}}{E_{it}} \times \frac{E_a}{Y_a} \times \frac{P_{ka}}{P_{kit}} \qquad 公式（2 - 3）$$

在公式（2 - 3）中，a 是基准省份，本书选取 2017 年市场化指数最高的上海、浙江和福建三个地区作为参照分别计算能源要素价格扭曲程度，最后取基于上述三个区域的能源要素价格扭曲平均值反映各省份能源要素价格扭曲程度，这样有助于保证结果的稳健性。Y_{it} 代表第 i 省份第 t 年实际总产出，E_{it} 代表第 i 省份第 t 年份能源消耗总量。E_a 和 Y_a 分别代表基准省份 2017 年能源消耗量和实际总产出。P_{ka} 和 P_{kit} 分别表示基准省份 2017 年能源要素价格和各省份各年份的能源要素价格。根据公式（2 – 3），若 γ_{Eit} 大于 1，第 i 省份第 t 年的相对能源要素价格则超过基准省份，表现为能源要素价格的正扭曲，反之则为能源要素价格负扭曲。考虑到能源要素价格市场化的进程是能源要素价格去政府干预的过程，因此，在本书中，所有的能源要素价格扭曲结果均小于 1，或者说，相对于基准省份均表现为负扭曲。为方便解释，本书取其倒数反映能源要素价格扭曲程度，指标越大，意味着某一省份相对市场化程度最高的基准省份 2017 年价格越远，能源市场扭曲程度越大。

（二）数据来源与描述

本书测算中国 29 个省份（西藏由于数据缺失严重，从样本中剔除，四川省和重庆市数据合并）1999～2017 年的能源要素价格扭曲指数，观测期选择 1999～2017 年的原因有两个方面。第一，1998 年发生了东南亚经济危机，中国 GDP 增长率从 1997 年的 9.7% 下降到 1998 年的 8.8%，通货膨胀率则从 8.3% 骤降至 0.8%，经济受到严重冲击，新一轮改革也在危机中启动，1998 年是中国经济发展的重要节点。第二，新中国成立以来，中国区域发展战略经历了三个时期：1949～1978 年以公平优先为发展导向，推动内陆地区均衡发展；1979～1998 年以效率优先为发展导向，扶持沿海地区率先发展；1999 年至今，我国先后启动实施了西部大开发战略、中部崛起战略、东北老工业基地振兴战略、东部率先发展战略，形成了全域性区域政策体系。这表明，自 1999 年以来中国已经逐步进入以缩小区域差距为导向的西部大开发发展阶段和以区域协调发展为导向的共同发展阶段。在促进区域协调发展战略全面实施的新阶段，区域政策实施的目标在于改变经济活动的空间分布，进而有效推进低水平区域发展，兼顾公平与效率，有效推动区域经济社会快速协调发展，1999 年至今具有较为明显的历史阶段性特征。地区生产总值、能源价格数据源于历年《中国统计年鉴》，本书选择总产出平减指数将历年名义 GDP 转为以 1999 年为基期的实际 GDP，能源消耗数据来自《中国能源统计年鉴》。

表 2 – 9 为中国各省份 1999～2017 年的能源要素价格扭曲指数。第一，从整体看，能源要素价格扭曲程度呈现先提高而后下降的趋势，从 1999 年的 6.35 提高到 2011 年的 14.51，提高幅度达到 128.5%，并且在 2011 年能源要素价格扭曲程度达到观测期内峰值，而后持续下降到 2017 年的 9.92，降幅达到 31.63%。第二，从区域看，各区域的能源要素价格扭曲指数变动趋势与全国整体保持一致，大部分在 2011 年达到观测期间内峰值，但扭曲程度差异显著，均值按降序排列依次为黄河中游、东北、西南、长江中游、北部沿海、西北、东部沿海、南部沿海，其中，黄河中游和东北两个区域的能源要素价格扭曲程度显著超过其他区域，西南、长江中游、北部沿海、西北和东部沿海五个区域能源要素价格扭曲程度处于中间水平，南部沿海能源要素价格扭曲程度最小，且显著低于其他区域。第三，从省份看，能源要素价格扭曲程度均值按降序排名，位居前 10 的省份分别为山西、内蒙古、贵州、甘肃、新疆、辽宁、河北、黑龙江、吉林和青海，值得注意的是，上述省份普遍集中于黄河中游、东北和西北地区，这在一定程度上印证了区域市场开放度越弱，能源要素价格扭曲程度越高的假设。

三　中国能源要素价格扭曲区域差距与空间分布

（一）能源要素价格扭曲区域差距

中国各区域在要素禀赋、技术水平、经济结构、工业化进程等方面存在显著的差异，各省份的能源要素价格扭曲程度呈现明显的差异性。

- 第二章 要素价格扭曲视角下的区域经济发展 | 065

表 2-9　各区域能源要素价格扭曲指数

区域	1999年	2005年	2011年	2017年	均值	区域	1999年	2005年	2011年	2017年	均值
全国	6.35	10.56	14.51	9.92	6.42	山西	26.12	46.97	54.23	47.43	43.28
北京	5.69	5.23	5.14	2.48	4.34	内蒙古	12.80	26.38	40.61	42.80	24.63
天津	8.13	11.28	11.84	7.63	9.71	河南	6.55	14.55	20.78	13.39	12.21
河北	9.41	18.78	28.97	23.85	17.42	陕西	8.18	13.36	18.87	16.00	13.15
山东	5.52	12.55	17.70	16.09	10.90	黄河中游	10.22	19.73	27.74	22.02	18.05
北部沿海	6.83	9.69	10.81	6.27	8.29	福建	2.80	6.41	9.74	6.16	5.54
甘肃	13.48	20.85	28.67	23.65	20.65	广东	3.82	5.86	7.92	5.14	5.51
青海	10.03	10.89	18.91	17.93	13.35	海南	2.47	3.77	13.69	10.25	0.69
宁夏	14.47	42.77	70.63	63.63	2.79	南部沿海	2.93	5.07	9.94	6.60	1.65
新疆	12.62	17.25	31.17	36.08	20.57	广西	3.98	8.35	13.10	9.63	7.65
西北	12.42	18.09	29.85	28.27	7.55	四川	5.21	7.06	9.65	6.22	7.22
辽宁	11.58	20.09	23.29	25.21	18.38	贵州	16.46	27.10	33.78	19.80	23.42
吉林	10.56	15.66	18.59	13.53	13.54	云南	5.74	14.16	17.68	10.07	10.92
黑龙江	10.02	14.05	21.16	19.17	14.69	西南	5.90	10.84	15.03	9.65	9.91
东北	10.68	16.23	20.83	18.10	15.28	安徽	7.49	10.99	13.70	10.20	10.76
上海	5.98	8.66	10.63	7.54	8.27	江西	5.46	9.44	11.09	8.74	8.39
江苏	4.68	7.76	9.10	6.89	6.80	湖北	7.74	10.80	12.86	7.21	9.43
浙江	4.06	7.01	9.06	6.08	6.40	湖南	4.80	11.58	11.99	7.45	8.02
东部沿海	4.78	7.75	9.54	6.79	7.07	长江中游	6.12	10.64	12.33	8.24	9.03

注：均值为 1999~2017 年的算术平均值。

深入研究能源要素价格扭曲程度的区域差异是各地区制定符合实际的节能潜力目标、切实推进能源要素价格市场化的前提和基础。本书采用基于泰尔指数演化而来的结构偏离指数评价能源要素价格扭曲程度的区域差异。结构偏离指数等于 0 代表能源要素价格扭曲程度没有区域差异,远离于 0 代表能源要素价格扭曲程度区域差距加大。

表 2 - 10 显示,中国能源要素价格扭曲程度在 1999 ~ 2017 年的区域差距呈现"缩小 - 扩大"的演进态势,具体而言,1999 ~ 2006 年,能源要素价格扭曲程度持续提高,但能源要素价格扭曲程度的区域差距呈缩小趋势,而在 2007 ~ 2017 年,能源要素价格扭曲程度下降,但区域差距持续扩大。观察区域间和区域内差距变动发现,区域间和区域内差距观测期间内的波动幅度分别为 0% 和 690.29%,地区间能源要素价格扭曲差距总体上稳定,地区内能源要素价格扭曲差距波动较为剧烈,与全国总体的变动趋势相近。对各地区能源要素价格扭曲波动绝对值按降序排列依次为西南、西北、南部沿海、长江中游、东部沿海、北部沿海、黄河中游、东北。

从能源要素价格扭曲程度差距扩大的贡献度来看(见表 2 - 11),区域间差距与区域内差距对能源要素价格扭曲度的贡献呈此消彼长之势,区域间差距贡献度在观测期间内由正转负,换言之,区域间差距对总体差距的贡献渐趋减弱,与此同时,区域内部差距贡献率持续提高。2005 年是区域间差距和区域内差距的转折点,2005 年之前,区域间差距对总体差距贡献率普遍超过区域内的贡献率,2005 年后,二者出现了显著逆转。对各区域差距贡献率的波动绝对值按降序进行排列依次为南部沿海、西南、西北、长江中游、东部沿海、北部沿海、东北、黄河中游。值得注意的是,区域间和区域内差距相比各自峰值期,均存在不同程度的"收敛或者俱乐部收敛现象"。一个可能的现实是,虽然受经济、政策、地理、历史等多元因素影响,中国八大经济区的经济水平、国际化程度和产业结构的起点存在显著差异,但自 1999 年以后中国推

表 2 - 10　区域能源要素价格扭曲结构偏离指数

年份	地区间	地区内部									合计	结构偏离指数
		北部沿海	西北	东北	东部沿海	黄河中游	南部沿海	西南	长江中游	合计		
1999	-1.88	-0.22	-0.13	-0.17	-0.07	-0.28	0.06	-0.09	-0.12	-1.03	-2.91
2005	-1.88	0.11	0.29	-0.05	0.13	-0.03	0.35	0.36	0.28	1.43	-0.45
2011	-1.92	0.71	1.15	0.12	0.42	0.55	0.83	1.08	0.89	5.75	3.83
2017	-1.88	0.81	1.55	0.05	0.31	0.61	0.67	1.13	0.95	6.08	4.20
变动	0.00%	-468.18%	-1292.31%	-129.41%	-542.86%	-317.86%	1016.67%	-1355.56%	-891.67%	-690.29%	-244.33%

注："变动"项目数据是根据 1999～2017 年原始数据（小数点后超过两位）计算得到，限于篇幅，数据仅列示小数点后两位。

表 2 - 11　区域内部及区域间差距对能源要素价格扭曲差异贡献率

单位：%

年份	地区间差距贡献率	地区内部差距贡献率									合计
		北部沿海	西北	东北	东部沿海	黄河中游	南部沿海	西南	长江中游	合计	
1999	64.67	7.66	4.55	5.97	2.27	9.77	-2.02	3.02	4.11	35.33
2005	421.37	-24.03	-65.70	11.24	-29.10	7.30	-78.29	-80.60	-62.19	-321.37
2011	-50.15	18.57	30.05	3.22	10.89	14.39	21.73	28.08	23.21	150.15
2017	-44.81	19.33	37.02	1.22	7.38	14.42	16.01	26.81	22.62	144.81
变动	-169.29%	152.35%	713.63%	-79.56%	225.11%	47.59%	-892.57%	787.75%	450.36%	309.88%

注："变动"项目数据是根据 1999～2017 年原始数据（小数点后超过两位）计算得到，限于篇幅，数据仅列示小数点后两位。

动区域协调发展战略，各地区内部发展的支持政策相似、发展模式相似，区域内部差距快速缩小。

（二）能源要素价格扭曲度空间分布

为进一步研究中国能源要素价格扭曲度在地理空间上的分布和差异，本书在空间经济学视角下，采用全域 Moran 指数（Ord et al.，1995）考察中国各地区能源要素价格扭曲度变动在地理空间上是否存在相关性，同时利用 Moran 散点图分析能源要素价格扭曲度的地理空间集聚效应与差异。Moran指数取值在 −1 和 1 之间，当指数为正时，空间效应对能源要素价格扭曲度的影响为正向积极作用；当指数为负时，空间效应对能源要素价格扭曲度的影响表现为负向消极作用；当指数为 0 时，空间效应不发挥作用，各地区能源要素价格扭曲度相互独立；当指数等于 1 时，各地区之间的能源要素价格扭曲度在空间上完全正相关；当指数为 −1 时，各地区之间的能源要素价格扭曲度在空间上完全负相关；指数越大，空间分布的相关性越强，空间集聚效应越显著。

表 2 − 12 显示我国能源要素价格扭曲度的 Moran 指数在 1% 显著性水平上普遍通过显著性检验，说明我国能源要素价格扭曲度在不同区域间存在较强空间自相关性，存在一种较大范围内的空间集聚趋势。中国能源要素价格扭曲度的全域 Moran 指数在 1999 ~ 2005 年波动较为剧烈，呈现上升 − 下降的变动趋势，而在 2006 ~ 2017 年全域 Moran 指数呈渐趋平稳上升的趋势，在整个观测期间内，全域 Moran 指数一直表现为正。这表明中国能源价格扭曲度在空间分布上的相关性由之前的波动向稳定提升转变，换言之，中国能源要素价格扭曲度高的地区开始趋于与其他能源要素价格扭曲度高的地区临近，能源要素价格扭曲度低的地区趋于与其他能源要素价格扭曲度低的地区临近。Moran 指数的数值在观测期间内普遍大于 0 且不断提高，这意味着中国能源要素价格扭曲度在空间分布上表现出正向的空间集聚效应，效应水平持续强化。本书将不

同观测期内中国能源要素价格扭曲度的变动率与 Moran 指数变动率相除，结果显示 1999～2005 年结果均为负数，意味着空间集聚效应与能源要素价格扭曲度相关性较差，2006～2017 年结果均为正，意味着空间集聚效应在能源要素价格扭曲度过程中开始发挥作用，且渐趋增强。

表 2 - 12　中国各省份能源要素价格扭曲全域 Moran 指数

年份	Moran's I	P 值	年份	Moran's I	P 值
1999	0.374	0.000	2009	0.597	0.002
2000	0.425	0.000	2010	0.626	0.005
2001	0.739	0.153	2011	0.637	0.009
2002	0.601	0.062	2012	0.630	0.008
2003	0.511	0.000	2013	0.659	0.018
2004	0.444	0.000	2014	0.656	0.017
2005	0.439	0.000	2015	0.649	0.022
2006	0.520	0.000	2016	0.675	0.035
2007	0.637	0.005	2017	0.687	0.041
2008	0.602	0.002			

全域 Moran 指数的内涵是地理空间能源要素价格扭曲度的整体相关性，其不足在于该指数有可能掩盖中国各地区的空间集群特征。为此，本书进一步采用局域 Moran 指数和局域 LISA 指标直观地刻画中国各地区能源要素价格扭曲度与其空间滞后的关系。图 2 - 14 至图 2 - 17 中横轴和纵轴分别为能源要素价格扭曲度和临近值的加权值，坐标轴中的四个象限代表四种集群模式：HH（第 1 象限）代表能源要素价格扭曲度高的地区被其他能源要素价格扭曲度高的地区包围，LH（第 2 象限）代表能源要素价格扭曲度低的地区被其他能源要素价格扭曲度高的地区包围，LL（第 3 象限）代表能源要素价格扭曲度低的地区被邻近的其他能源要素价格扭曲度低的地区包围，HL（第 4 象限）代表能源要素价格扭曲度高的地区被其他能源要素价格扭曲度低的地区包围。其中 HH 象限和 LL 象限代表正的空间相关关系，表示存在地区空间集聚，LH 象限和 HL 象限代表负的空间相关关系，表明存在地区空间的异质

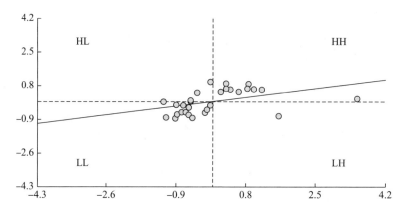

图 2 - 14 局域自相关 Moran 散点指数 （1999 年）

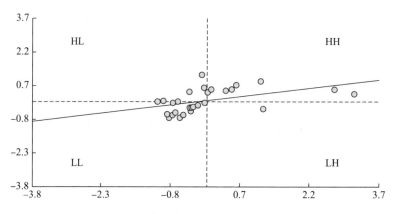

图 2 - 15 局域自相关 Moran 散点指数 （2005 年）

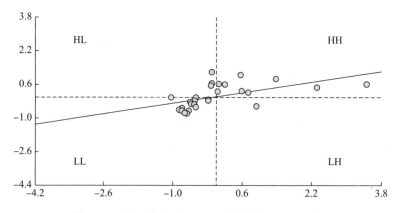

图 2 - 16 局域自相关 Moran 散点指数 （2011 年）

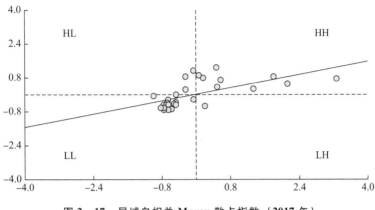

图 2 – 17 局域自相关 Moran 散点指数（2017 年）

性，若观测值均匀分布在四个象限则表明地区间不存在空间相关性。

从图 2 – 14 至图 2 – 17 可知中国各地区能源要素价格扭曲度自相关 Moran 散点普遍分布在 HH 象限和 LL 象限，这两个象限省份数量占整体（29 个省份）的比重在 1999 年、2005 年、2011 年和 2017 年分别为 79.31%、68.97%、93.10% 和 86.21%。具体而言：1999 年能源要素价格扭曲度指数的 Moran 散点处在 HH 象限有广东、海南、福建、浙江、上海、江西、广西、江苏、湖南、云南 10 个地区，2005 年能源要素价格扭曲度指数的 Moran 散点处在 HH 象限有广东、海南、福建、浙江、上海、江西、广西、江苏 8 个地区，2011 年能源要素价格扭曲度指数的 Moran 散点处在 HH 象限有广东、海南、福建、浙江、上海、江西、广西、江苏、湖南、安徽、天津、湖北 12 个地区；2017 年能源要素价格扭曲度指数的 Moran 散点处在 HH 象限有天津、上海、福建、江西、浙江、广东、湖南、江苏 8 个地区。在上述四个不同观测时点，能源要素价格扭曲度指数的 Moran 散点位于 HH 象限的省份占样本总量的比重分别为 34.48%、27.59%、41.38%、27.59%，其中广东、海南、福建、浙江、上海、江苏、江西、湖南 8 个省份基本都出现 HH 象限，上述区域基本归属于南部沿海、东部沿海和长江中游。由此发现，区域经济发达地区能源要素价格扭曲度空间正相关性较强，区域经济欠发达地区能源要素价格扭曲度空间负相关性较强。

本书进一步通过局域 LISA 集群检验发现，1999 年、2005 年、2011 年和 2017 年中国能源要素价格扭曲度高值的空间分布主要集中于东北、黄河中游、西北，集聚区保持着较高的稳定性；同时，中国能源要素价格扭曲度低值集聚地区主要集中于南部沿海和东部沿海。针对上述事实，一个可能的原因是南部沿海和东部沿海区位优势明显，能够广泛深入地参与国际分工体系之中，经济发展速度显著超过其他地区，但就能源要素资源禀赋而言，东北、黄河中游、西北显然具有更强的比较优势，比较优势差异造成了跨区域能源要素的大流动格局，东北、黄河中游、西北的能源要素持续向南部沿海和东部沿海转移，间接参与国际分工。

一般而言，参与国际分工的要素应该取得相应的收益。然而，目前市场机制不健全，市场机制发挥作用的渠道受到限制，不利于均衡价格的形成。能源要素的市场价格难以反映能源要素在生产中的真实价值，进而形成能源要素价格扭曲。在能源要素价格扭曲作用下，东北、黄河中游、西北获得的实际报酬远低于其应得收益，南部沿海和东部沿海却依靠廉价的能源要素参与国际分工活动，且获得超额经济利益。一个可能的现实是，由于受经济、政策、地理、历史等多元因素影响，中国八大经济区的经济水平、国际化程度和产业结构的起点存在显著差异。在"累积循环效应"影响下，具有领先优势地区的经济发展规模和速度不断扩大，能源需求不断扩大，具有劣势的地区受限于起点低、难以从累积循环中获益，陷入经济发展规模和速度双重下降的困境，导致能源需求难以提高。显而易见，要素由北向南流动的格局短期内不会改变，经济发展区域差距常态化的格局不会有效缓解，能源要素价格扭曲的区域格局不会改变。

四 中国能源要素价格扭曲的动态演进

上述分析显示中国能源要素价格扭曲在空间分布上存在显著的地区

差异，中国各地区能源要素价格扭曲接下来如何发展，是走向改善，还是趋向恶化？本书将采用非参数核密度函数（Kernel Density）模型对中国能源要素价格扭曲空间差异的演进轨迹和变动特征进行深入分析。核密度函数的优势在于其避免了参数模型估计形式设定的主观性，取而代之选择从数据本身出发研究数值的分布特征，本书采用高斯核函数对中国能源要素价格扭曲的动态演进趋势进行估计。根据上述对中国各地区能源要素价格扭曲的测算，以及地区差异和空间集聚效应的分析，本书将 29 个样本观测地区划分为三个部分：第一部分为能源要素价格扭曲度高值区，包括宁夏、山西、内蒙古、贵州、新疆、甘肃、河北、辽宁；第二部分为能源要素价格扭曲度中值区，包括黑龙江、青海、陕西、吉林、河南、山东、云南、安徽；第三部分为能源要素价格扭曲度低值区，包括天津、湖北、湖南、江西、广西、上海、海南、四川、江苏、浙江、福建、广东、北京。同时选取 1999 年、2005 年、2011 年和 2017 年 4 年的截面数据作为考察对象，根据其核密度分布曲线来分析各地区能源要素价格扭曲度的动态演进趋势及其对整体态势的影响。

图 2-17 显示，分布曲线对应的波峰峰值在观测期间内呈现持续下降、波峰宽度持续扩大的演进趋势，显示能源要素价格扭曲度逐渐下降、区域间差距逐渐扩大的趋势。2005 年分布曲线位置相对 1999 年整体向右移动，2005 年分布曲线左侧拖尾向右收缩、右侧拖尾向右延伸，延伸幅度超过 1999 年，这意味着区域内部的相对低值地区和相对高值地区的能源要素价格扭曲度下降的调整速度在加快。2011 年和 2017 年分布曲线峰值位置基本保持一致，但相比 2005 年均呈现整体向右移动的趋势，2011 年分布曲线的左侧拖尾与 2005 年基本保持一致，右侧拖尾则大幅向右延伸，延伸幅度显著超过 2005 年，区域内部相对高值地区的能源要素价格扭曲度的下降速度在加快，相对低值区则保持稳定。2017 年分布曲线的左侧拖尾与 2011 相比向左延伸，右侧拖尾与 2011 年保持一致，区域内部相对低值地区的能源要素价格扭曲度下降调整速度

在放缓，相对高值地区则保持稳定。图 2 - 18 显示，分布曲线对应的波峰峰值在 1999 ~ 2011 年持续上升、波峰宽度持续缩小，2017 年波峰峰值急剧下降、波峰宽度显著扩大，显示中值区域能源要素价格扭曲度在 2011 年之前逐渐提高，区域间差距逐渐缩小，而在 2017 年能源要素价格扭曲度显著下降，但区域差距扩大。2005 年和 2011 年分布曲线位置相对上一年份整体向右移动，分布曲线左侧拖尾向右收缩、右侧拖尾向右延伸，延伸幅度均超过上一年度，区域内部相对低值区和相对高值区能源要素价格扭曲度下降的调整速度在加快。2017 年分布曲线相比 2011 年整体向左移动，左侧拖尾与 2011 年相比向左延伸，右侧拖尾与 2011 年保持一致，区域内部相对低值地区的能源要素价格扭曲度下降调整速度在放缓，相对高值地区则保持稳定。图 2 - 19 显示，分布曲线对应的波峰峰值在期间内呈现"下降 - 上升 - 下降"的局面，波峰宽度表现为"扩大 - 缩小"的趋势，显示出低值区域能源要素价格扭曲度在观测期间内上下波动较为剧烈，区域间差距先扩大而后缩小。2005 年分布曲线位置相对 1999 年整体向右移动，分布曲线左侧拖尾向右收缩、右侧拖尾向右延伸，延伸幅度均超过 1999 年，区域内部相对低值区和相对高值区能源要素价格扭曲度下降的调整速度在加快，2011 年与 2005 年分布曲线的峰值和波峰宽度基本一致，能源要素价格扭曲度呈现较为明显的调整。2017 年分布曲线相比 2011 年整体向左移动，且峰值显著提高，波峰宽度显著缩小，左侧拖尾向左延伸，右侧拖尾向右延伸，区域内部相对低值和相对高值地区的能源要素价格扭曲度下降调整速度出现了显著提高。

五　能源要素价格扭曲改善的对策选择

本书在对 1999 ~ 2017 年中国 29 个省份能源要素价格扭曲度测算的基础上，采用泰尔指数和空间计量方法分析了中国能源要素价格扭曲度的区域差距和空间效应，并采用非参数核密度模型对中国能源要素价格

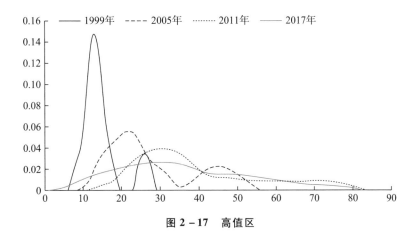

图 2-17 高值区

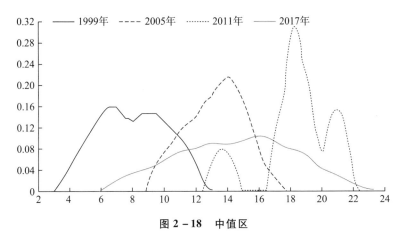

图 2-18 中值区

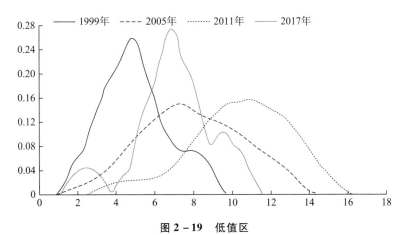

图 2-19 低值区

扭曲度的动态演进趋势进行了估计，结论如下。

第一，中国能源要素价格扭曲度呈先提高而后下降的趋势，各区域能源要素价格扭曲度指数按降序排列依次为黄河中游、东北、西南、长江中游、北部沿海、西北、东部沿海、南部沿海。第二，中国能源要素价格扭曲度在 1999～2017 年区域差距呈现"缩小－扩大"的演进态势，区域间差距贡献率在观测期间内由正转负，区域内部差距贡献率持续提高。区域间和区域内差距相比各自峰值期，均存在不同程度的"收敛或者俱乐部收敛现象"。第三，我国能源要素价格扭曲度在不同区域间存在较强空间自相关性，存在一种较大范围内的空间集聚趋势。区域经济发达地区能源要素价格扭曲度空间负相关性较强，区域经济欠发达地区能源要素价格扭曲度空间正相关性较强。能源要素价格扭曲度高值的空间分布集中于东北、黄河中游、西北，能源要素价格扭曲度低值集聚地区集中于南部沿海和东部沿海，集聚区保持着较高的稳定性。第四，中国各地区能源要素价格扭曲度动态演进趋势显示，高值和中值地区的能源要素价格扭曲度指数可能进一步下降，区域间差距扩大，而低值地区的能源要素价格扭曲度指数则可能进一步提高，区域间差距缩小。

政府非理性政策、市场机制不健全以及区位优势均不同程度造成了能源要素价格扭曲，且空间效应的存在进一步固化了能源要素价格扭曲的持续性，扩大了区域间的差距。基于此，本书提出如下建议。第一，针对能源要素价格扭曲度高值区，能源要素的定价权应该由政府转给市场，从而使参与生产过程的能源要素获得与其价值相符的回报。同时，降低地方保护主义引发的市场分割对能源要素价格的影响，促进能源要素价格反映不同的能源禀赋和能源需求，促进能源要素在不同区域范围内自由流动，降低空间能源要素价格扭曲度高值区的空间集聚效应。第二，针对能源要素价格扭曲度较低区域，政策应该鼓励促进技术创新，加大对能源利用技术的研发经费投入，改善能源利用过程的管理，强化能源要素价格扭曲地区的空间集聚效应。

第三章　要素价格扭曲、技术进步
与要素效率

第一节　资本要素价格扭曲、技术进步与资本效率

在中国经济体制转轨和改革开放的过程中，价格改革具有里程碑式的重要地位。我国长期实施计划经济，社会资源配置效率低下，商品资源有效供给不足，经济运行机制亟须转变。但如何在纵横交织、盘根错节的计划经济体制下，找到恰当切入点，既能达到经济体制改革的初衷，又不致引发社会经济动荡，是决策者面临的核心问题。中国最终确定价格改革作为我国经济体制改革的突破口，究其原因在于价格形成机制的合理化是优化社会资源配置、有效供给、激励生产和引导消费的前提和保证。

一　导言

1992 年以来，中国加快推进价格市场化改革，市场逐渐成为配置大多数最终产品的决定性因素。但部分产品和生产要素仍然存在市场与计划双轨并行、市场化改革滞后的情形。尽管我国资本要素市场化程度已经得到极大改善，但资本要素价格扭曲仍然较为严重，资本要素价格扭曲的积极效应正在迅速衰减，负面影响逐渐凸显，具体表现在三个层面。一是在微观企业层面，政府凭借行政力量将土地、资金、税收和政府补贴等垄断资源配置给企业，政府干预导致资本边际成本被低估，这

些企业从较低的资本价格中获益，无须研发、无须提高生产技术就能获利。二是在中观产业层面，资本逐利本质使其流向能够获得超额利润的产业，而流向相对资本成本高、利润低的制造业的资本占比逐年减少，制造业发展后劲不足，产业转型升级困难，资本要素配置的结构失衡带来经济结构的失衡。三是在宏观层面，资本要素价格的严重扭曲导致资本要素加速外流，经济发展的不平衡逐渐加剧，形成"马太"效应（袁鹏等，2014）。

针对技术进步影响资本效率的研究普遍存在两种观点。第一，技术改进提高资本效率是企业基于成本权衡的博弈行为，在资本要素价格较低与其他要素价格持续提高的背景下，企业必然提高资本要素的投入比重，这导致企业更加偏重于提升资本倾向型技术，进而提升资本要素效率（董直庆等，2014；王芳等，2015；王燕武等，2019）。第二，技术进步对资本效率可能存在非线性影响。技术进步在提高资本效率的同时，产能也会扩大，这引致对资本要素的需求增加。这种因果叠加导致技术进步对资本效率的影响无法正确估计（朱轶，2016；吴鹏等，2018；苏永照，2017）。由于某些因素的作用，在一定阶段内，技术进步对资本效率提升作用不显著，甚至会产生负向作用，这种交互效应的存在说明仅仅关注技术进步与资本效率的正向关系存在片面性。

本书的创新之处是深入分析了资本要素市场化程度与技术进步的交互作用对资本效率的影响机制。本书通过门限效应估计方法，识别中国不同经济区资本要素市场化要达到什么程度，技术进步才能对资本效率产生显著影响。生产要素的市场化（降低要素价格的扭曲程度）已经由中国经济增长的次要矛盾转变为主要矛盾，在竞争性分配资源的市场制度中，市场主体对效率的不懈追求才能推动技术进步，要素市场的高效率是技术进步的微观基础。分析资本要素市场化程度与技术进步交互作用下的资本效率变动，对中国制定正确合理的资本市场改革措施非常关键。但据本书所知，针对此领域的研究较少。

下文结构安排如下：第二部分重点阐明考虑资本要素市场化机制下，技术进步影响资本效率的传导机制，并对实证模型进行设定；第三部分是变量选择与数据处理；第四部分是结果与讨论；第五部分是资本要素效率提升的对策选择。

二　传导机制与模型设定

（一）技术进步影响资本效率的传导机制

技术进步会促进资本效率提高，但是单纯理解这种简单的关系没有意义。技术进步需要通过市场机制的传导才能最终作用于资本要素，提高资本效率。这种中间传导机制导致技术进步对资本效率的影响可能是正向，也可能是负向。技术进步提高资本效率会降低对资本要素的总需求，但同时也会引致宏观总需求增加，进而增加对资本要素的总需求。资本要素总需求的增加，需要市场机制的配置，使资本要素在不同经济主体之间流动。本书假定整个宏观经济存在高技术高回报、低技术低回报两类经济主体。高技术高回报是技术进步的主体，资本要素规模报酬为递增或者不变，低技术低回报经济主体资本要素规模报酬则为递减。如果资本要素市场有效，资本要素价格不存在扭曲，资本要素的配置将从低技术低回报主体流向高技术高回报主体，高技术高回报经济主体产出增加幅度高于资本要素投入增幅，规模报酬递增的同时，资本效率在边际上也表现为提升。如果资本要素市场无效，存在资本要素价格扭曲，资本要素的配置可能从高技术高回报主体流向低技术低回报主体，低技术低回报经济主体产出增加幅度低于资本要素投入增幅，规模报酬递减的同时，资本效率在边际上也表现为降低。现实中，资本要素价格扭曲为 0 是一种极端情况，资本要素价格扭曲是常态，在具体分析中，本书更多考察资本要素价格扭曲的相对水平。

基于以上微观框架，技术进步对资本效率的宏观表现为技术进步对资本效率作用方向在整个经济的不同时期以及同一时期的不同区域均存在差异性。这种差异性的主因是资本要素价格扭曲程度的差异性。时间维度的差异在于中国整体市场化改革的不断推进，总体市场化程度在不同时期差异明显；空间维度的差异在于中国各地区发展阶段的差异，而这种差异则是中国梯度发展模式所致。在时间维度的差异和空间维度的差异相互作用下，各区域技术进步对资本效率总体效应存在显著差别，这种差异是中国渐进式改革的客观结果。资本要素价格市场化改革初期，资本要素配置主要受行政力量指使，资本要素价格被低估。在整个经济体制中，图 3 - 1 中的传导机制 1 占据上风，技术进步对资本效率的宏观作用要么无济于事，要么适得其反。而随着改革进程的不断深入以及地区市场分割的逐渐消除，资本要素价格扭曲的中间作用将被清除，以传导机制 2 为主，技术进步对资本效率的作用才可能体现应有的正向作用。

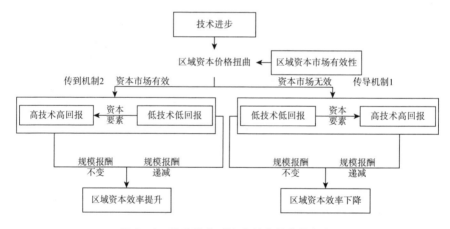

图 3 - 1　技术进步对资本效率的传导机制

（二）模型设定

为了验证技术进步对资本效率的非线性效用关系，常规做法是引入交互项进行分析。但交互项回归存在系数形式需要外生给定、系数不稳定等问题。为弥补上述不足，本书采用 Hansen（1999）提出的非动态面板门限回归模型（Threshold Panel Regressive Model）进行分析，将构造的资本要素价格扭曲系数作为门限变量，考察技术进步与资本效率的关系是否发生了结构突变。与传统的线性回归相比，门限面板模型具有以下优点。首先，它通过内生的方式，从样本估计中分离出以门限变量为基础的多个样本，并分别估计出各样本中自变量与因变量之间的关系。其次，从模型估计结果可以观察出在样本期间内，自变量与因变量之间的关系是否发生了结构性突变，这为准确识别变量间的关系提供了一种新思路。具体而言，通过非动态面板门限回归方法，可以发现技术进步对资本效率的作用方向取决于资本要素价格扭曲所处的波动区间，从而通过内生的方式，考察资本要素价格扭曲对资本效率的间接作用和技术进步的非线性影响，考虑两区制门限面板回归模型：

$$Y_{it} = \alpha_{it} + \beta_1 X_{1it} + (\beta_2 X_{2it})I(tv \leq \gamma) + (\beta_3 X_{2it})I(tv > \gamma) + \varepsilon_{it}$$

公式（3-1）

在公式（3-1）中，Y_{it} 为被解释变量，X_{1it} 为不受门限效应影响的解释变量，X_{2it} 为受门限影响的解释变量。$I(\cdot)$ 为指示变量，若括号内表达式成立则取值为1，否则取值为0。tv 为门限变量，γ 为门限值，作为分区制的标准。门限回归模型的关键在于如何估计门限值，在得到门限估计值以后，还需要检验门限效应的显著性。本书将技术进步设定为可变系数变量，模型中其他变量为控制变量，具体包括人均 GDP、人均 GDP 的平方、经济开放度、产业结构、资本深化和人力资本。根据门限回归模型的特征，本书设定模型：

$$EE_{it} = \alpha_0 + \alpha_1 PGDP_{it} + \alpha_2 PGDP_{it}^2 + \alpha_3 OPEN_{it} + \alpha_4 INDS_{it} + \alpha_5 KL_{it} + \alpha_6 HC_{it}$$

$$(\alpha_{71} ETFP_{it})I(Dis_{it} \leq \gamma) + (\alpha_{72} ETFP_{it})I(Dis_{it} > \gamma) + \varepsilon_{it} \quad 公式（3-2）$$

在公式（3-2）中，$PGDP_{it}$ 表示人均 GDP，$OPEN_{it}$ 表示经济开放度，$INDS_{it}$ 表示产业结构，KL_{it} 表示资本深化，$ETFP_{it}$ 表示技术进步，HC_{it} 表示人力资本，Dis_{it} 表示资本要素价格扭曲。

三 变量选择与数据处理

(一) 变量选择

1. 被解释变量

资本效率的测度包含"单要素和全要素"两种分析框架。单要素资本效率重在测度资本要素投入的有效利用程度,为实际 GDP 与资本要素消耗量之比,但指标的测度范围局限于资本要素与正产出之间的一对一生产关系。全要素资本要素生产率则是从资本要素投入生产角度衡量有效产出的能力,全要素资本要素生产率指标既考虑了资本与其他不同要素间存在的替代与互补效应,也兼顾了"帕累托最优"的效率内涵。尽管全要素资本要素生产率能够更准确地反映资本效率,但为了避免与生态全要素生产率指标(技术进步)产生内生性,本书采用单要素资本效率指标。全要素资本要素生产率则作为单要素资本效率的替代指标,在稳健性检验中测试估计结果的稳健性。

2. 解释变量

(1) 技术进步

本书采用生态全要素生产率反映技术进步。本书采用相加结构的 Luenberger 生产率指数构建全要素生产率框架与分项生产要素的全要素生产率指标模型,更能准确刻画总体绩效与分项生产要素绩效之间的内在逻辑关系(Chang and Hu,2012)。参照 Chambers 等(1996)的分解思路,生态全要素生产率可以分解为生态全要素效率变动和生态全要素技术变动,生态全要素效率变动和生态全要素技术变动在稳健性检验中作为技术进步的替代指标测试结果的稳健性。

(2) 资本要素价格扭曲指数测度

本书借鉴王芃和武英涛(2014)运用边际法则确定研究对象间市场相对扭曲程度的方法构建省域资本要素市场相对扭曲系数,如公式(3-3)所示:

$$\gamma_{Eit} = \frac{Y_{it}}{K_{it}} \times \frac{K_a}{Y_a} \times \frac{P_{ja}}{P_{jit}} \qquad\qquad 公式（3-3）$$

在公式（3-3）中，a 是基准省份，本书选取 2017 年市场化指数最高的上海、浙江和福建三个地区作为参照分别计算资本要素价格扭曲程度，最后取基于上述三个区域的资本要素价格扭曲平均值反映各省份资本要素价格扭曲程度，这样有助于保证结果的稳健性。Y_{it} 代表第 i 省份第 t 年实际总产出，L_{it} 代表第 i 省份第 t 年资本要素消耗总量。L_a 和 Y_a 分别代表基准省份 2017 年资本要素消耗量和实际总产出。P_{ja} 和 P_{jit} 分别表示基准省份 2017 年资本要素价格和各省份各年的资本要素价格。根据公式（3-3），若 γ_{Eit} 大于 1，第 i 省份第 t 年的相对资本要素价格则超过基准省份，表现为资本要素价格的正扭曲，反之则为资本要素价格负扭曲。考虑到资本要素价格市场化的进程是资本要素价格去政府干预的过程，因此，在本书中，所有的资本要素价格扭曲结果均小于 1，或者说，相对于基准省份均表现为负扭曲。为方便解释，本书取其倒数反映资本要素价格扭曲程度，指标越大，意味着某一省份相对市场化程度最高的基准省份 2017 年价格越远，资本要素市场扭曲程度越大。

（3）控制变量

引入人均 GDP 平方的目的在于考察人均 GDP 与资本效率之间是否存在倒 U 形关系。人力资本用就业人员平均受教育程度和教育回报率的乘积衡量（彭国华，2005）。地区吸引资本流入的能力不仅取决于该地区的技术条件和物质基础，还依赖于该地区的人力资源素质，具有较高人力资本的地区能够更快推动技术进步和产生较高的资本边际效率。在区域生产技术相同的条件下，新古典经济增长理论依据资本边际报酬递减的规律，发现区域劳均资本和劳动生产率呈现趋同的走势，而内生经济增长理论在技术内生化的过程中，强调人力资本的作用，这会导致劳动生产率趋异，在趋同问题上，新古典经济增长理论与内生经济增长理论存在较大分歧，这需要实证检验。本书资本深化采用区域实际资本存量与总劳动力数量之比来衡量。产业结构用第二产业产出占非农产业产出比重的"工业化"水平与第三产业占非农产业产出比重的"服务化"水平来衡量,以研究"工业化"与"服务化"对区域资本生产率的影响。区域经济开放度至少应包括贸易开放度和投资开放度,贸易开放度包括进口依存度和出口依存度,投资开放度涉及外国直接投资依存度和对外直接投资依存度,本书使用因子分析方法对以上四项进行处理,衡量区域经济开放度。

(二) 数据来源与处理

本书基于数据的可得性,选择 29 个省份为决策主体(四川与重庆合并,西藏由于数据大量缺失而剔除)。本书选择 1999~2017 年为样本观测期,原因有两个方面。第一,1998 年发生了东南亚经济危机,中国经济受到严重冲击,新一轮改革也在危机中启动,1998 年是中国经济发展的重要节点。第二,新中国成立以来,中国区域发展战略经历了三个时期:1949~1978 年以公平优先为发展导向,推动内陆地区均衡发展;1979~1998 年以效率优先为发展导向,扶持沿海地区率先发展;1999 年至今,兼顾公平与效率,鼓励各地区协调发展,1999 年至今具有较为明显的历史阶段性特征。地区生产总值、政府开支、科技支出、教育支出、非国有单位年末从业人数与就业人口数、外国直接投资、第二产业和第三产业数据源于历年《中国统计年鉴》,污染排放数据来自《中国环境统计年鉴》,国有银行金融机构贷款及投资额的数据来自《中国金融年鉴》。固定资本存量数据借鉴单豪杰(2008),采用永续盘存法对中国各省份资本存量进行估计得到。本书选择总产出平减指数将历年名义 GDP 转为以 1999 年为基期的实际 GDP。

四 结果与讨论

(一) 资本效率区域分布

根据图 3-2 至图 3-9,全国资本效率在 1999~2017 年整体上呈现提高的趋势，其间提高幅度达到 228.82%。从大区域角度看，全国各经济区域资本效率在 1999～2017 年普遍持续升高，但北部沿海、东北、黄河中游和西北在 2015 年后则呈现渐趋下降的态势。1999～2017 年，资本效率增长率按降序排列依次为：长江中游、西南、黄河中游、西北、北部沿海、东部沿海、南部沿海、东北，其中长江中游、西南、黄河中游和西北的资本效率提高幅度显著超过全国平均水平，但这并不意味着上述经济区资本效率的绝对水平超过其他经济区。从 2017 年各经济区资本效率绝对值角度看，东部沿海、北部沿海和南部沿海的资本效率显著超过全国平均资本效率，且显著超过其他经济区的资本效率，其他经济区的资本效率绝对值按降序排列依次为东北、黄河中游、长江中游、西北和西南。全国各省份在经济发展水平、自然资源以及人口素质等多方面存在差异，经济区域内部各省份的资本效率也存在较大差异。

第一，东部沿海、北部沿海和南部沿海经济区的资本效率相对较高。北部沿海的北京和天津资本效率显著超过河北和山东，观测期间内资本效率提升幅度分别为 159.14%、250.48%、197.22% 和 262.59%。北京是中国政治和文化中心，属于经济发达地区，技术及设备先进，资本充足率较高，人均受教育水平明显高于其他地区，在相同资本要素消耗的投入下，北京的 GDP 产值要比其他地区高很多。与此同时，因毗邻北京，天津、河北和山东在溢出效应作用下，资本效率也得到较大改善，河北和山东的资本效率虽有较大提升，但由于初始水平较低，其 2017 年资本效率绝对值仍然远低于北京和天津。东部沿海的浙江资本效率显著超过江苏和上海。南部沿海的福建的资本效率 2012 年之前一直超过福建和海南，2012 年后海南资本效率则显著提升。上海、江苏、浙江、广东和福建的经济属于外向型发展模式，这些省份通过加深国际市场参与度推动本地自主技术创新，进而提升资本效率。

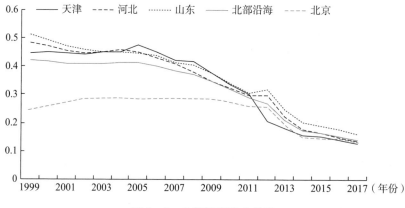

图 3 - 2　北部沿海资本效率

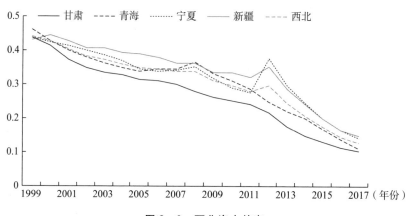

图 3 - 3　西北资本效率

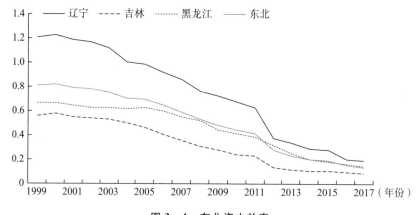

图 3 - 4　东北资本效率

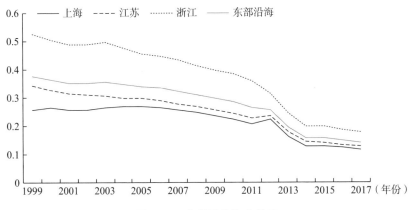

图 3 - 5　东部沿海资本效率

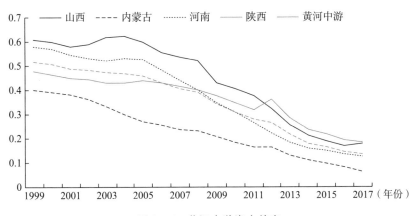

图 3 - 6　黄河中游资本效率

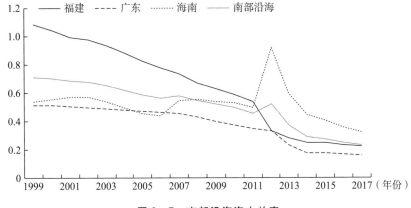

图 3 - 7　南部沿海资本效率

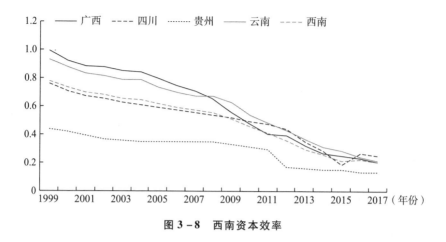

图 3 - 8　西南资本效率

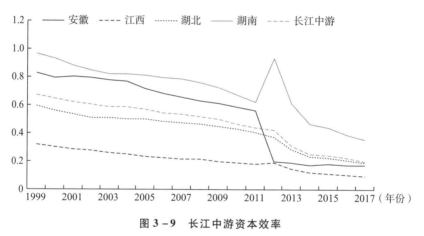

图 3 - 9　长江中游资本效率

　　第二，东北、黄河中游、长江中游、西北和西南的资本效率增长率均显著低于全国平均水平，尤其是西北和西南。东北的资本效率2017年绝对值位居全国第四，但资本效率期间内提升幅度居于各经济区末位，资本效率优势渐趋降低，辽宁资本效率一直超过吉林和黑龙江。黄河中游的内蒙古资本效率一直显著超过其他省份，但在2012年达到峰值后呈下降趋势，陕西资本效率追赶趋势明显，增长幅度显著超过河南和山西。长江中游资本效率初始水平较低，但增幅第一，其中湖北和湖南的资本效率绝对值和增长幅度均显著超过江西和安徽。西北和西南资本效率2017年绝对值分别位居倒数第一和倒数第二，尽管期间内增长幅度较大，但限于较低的基础，其资本效率仍然显著低于其他经济区，西北的甘肃资本效率显著低于区域内其他省份。

（二）要素替代弹性

在经济系统中，生产要素价格是市场进行资源优化配置的关键手段。当要素价格上升时，理性投资者将尽可能降低相应要素投入，转而依赖其他可替代要素，借此实现在同等产出水平下生产成本的最小化。鉴于 MES 替代弹性有助于决策者准确识别要素间是否存在替代或互补效应（Blackorby et al.，1989；Morishima，1967），本书采用 MES 方法计算中国各地区能源、资本和劳动要素间的替代弹性。为了进一步分析 MES 弹性形成的内在机制，本书同时考察生产要素的交叉价格弹性（CPE）和自价格弹性（AES）。表 3 - 1 列示了中国八个经济区 MES、CPE 以及 AES 弹性的计算结果。

第一，MES_{EL} 结果显示除黄河中游经济区以外的七个经济区弹性均为负，L/E 随能源价格提高而降低，劳动要素对能源要素存在互补效应，当能源价格上升，市场主体对能源需求的降低导致其对劳动要素的需求减少。MES_{LE} 在所有地区均为正，E/L 随资本价格的提高而提高，能源要素对资本要素存在替代效应。如果资本要素价格上升，资本要素需求下降将引致对能源要素需求的上升。本书发现交叉价格弹性（CPE_{LE}）在所有地区存在显著的能源对劳动的替代效应，资本自价格弹性（AES_{LL}）的绝对值显著低于 CPE_{LE}。资本要素的自价格弹性（AES_{LL}）为正，说明资本要素价格的提高导致资本需求提高，可见资本要素价格变动未能在市场调控中发挥作用。中国资本要素市场化程度虽然已经得到极大改善，但城乡户籍制度严重阻碍了资本要素价格的市场化进程，资本要素价格扭曲的积极效应正在迅速衰减，负面影响逐渐凸显。基于 MES_{LE} 和 MES_{EL} 结果，本书发现各地区在扩大生产时更倾向于利用能源而非资本要素。

表 3 - 1 资本、劳动和能源要素的平均替代弹性

	北部沿海	西北	东北	东部沿海	黄河中游	南部沿海	西南	长江中游
CPE_{EL}	85.93	-10.85	-27.23	24.17	-28.39	7.69	21.79	241.89
CPE_{EK}	61.26	-11.95	19.82	21.15	-23.00	4.97	12.03	176.18
CPE_{LE}	548.41	1478.36	1004.62	1385.23	924.81	2197.24	1300.41	1193.24
CPE_{KE}	-1504.06	199.56	-3118.46	8508.14	17311.39	15649.67	17210.00	14175.66
CPE_{KL}	204.26	274.09	32.95	26.84	110.29	56.73	91.85	44.53
CPE_{LK}	8.19	9.96	10.01	7.41	8.50	7.74	7.61	9.81
AES_{EE}	5155.66	3430.60	1008.05	796.93	-5402.97	6266.05	899.73	3813.36
AES_{LL}	12.61	9.93	13.07	9.83	11.60	15.29	9.71	10.45
AES_{KK}	9.76	46.14	2.61	59.90	-36.15	99.59	78.44	276.55
MES_{EL}	-5069.74	-3441.45	-1035.28	-772.76	5374.58	-6258.37	-877.93	-3571.47
MES_{LE}	535.80	1468.44	991.56	1375.40	913.21	2181.95	1290.70	1182.79
MES_{EK}	-5094.40	-3442.55	-988.23	-775.78	5379.97	-6261.09	-887.69	-3637.18
MES_{KE}	-1513.83	141.32	-3092.17	8568.65	17265.25	15618.75	17184.07	10977.96
MES_{KL}	186.56	207.52	59.24	87.36	64.15	27.14	65.39	46.52
MES_{LK}	-4.42	-4.56	-1.94	-0.91	-1.43	-2.49	-4.04	-3.04

注：E、K 和 L 分别代表能源、资本和劳动。

第二，MES_{LK} 在所有经济区均为负，K/L 随资本价格的提高而降低，资本要素对劳动要素存在 MES 互补效应。如果资本要素价格上升，资本要素需求下降将导致对劳动要素的需求下降。资本要素的自价格弹性大于资本对能源要素的交叉价格弹性（CPE_{LK}），资本要素的自价格弹性是 MES_{LK} 呈互补效应的根本原因。MES_{KL} 在所有地区均为正，L/K 随资本要素价格的下降而下降，资本要素对劳动要素存在 MES 替代效应。资本对劳动的交叉价格弹性 CPE_{KL} 在所有地区为正，且大于资本要素的自价格弹性（AES_{KK}）。基于 MES_{LK} 和 MES_{KL} 结果，本书发现各地区在扩大生产时更倾向于利用劳动而非资本要素。

（三）回归分析

结合 Hansen 提出的算法，本书对门限效应依次进行检验。在门限检验时，设定 300 次迭代，依次搜寻 493 个样本点。表 3 - 2 展示了模型 1 至模型 5 的门限检验结果，模型 2 至模型 5 是对模型 1 门限检验结果的稳健性检验。具体而言，模型 2 至模型 4 的门限变量分别为基于上海、浙江和福建计算的资本要素价格扭曲程度，用来判断分析结果是否对基准参照省份的选择稳健；模型 5 采用单要素资本效率替代生态全要素资本要素生产率。

由表 3 - 2 可知，模型 1 至模型 5 单门限检验的 P 值均低于 10% 的显著性水平，这意味着模型 1 至模型 5 在 10% 的显著性水平上拒绝只有一个门限的检验。双门限检验和三重门限检验的大部分 P 值均小于 10% 的显著性水平，这意味着模型拒绝有更多门限值的可能，检验结果显示模型有超过三重门限的可能。但为了便于分析，本书将选择单门限检验结果作为分析的基础。在门限检验的基础上，基于门限估计值对面板数据进行分区及估计（Hansen，1999）。由表 3 - 3 可知，对于不变系数变量，模型 1 至模型 5 显示技术进步对资本效率影响的方向均相同，表明基础模型 1 的检验结果具有较高的稳健性。

表3-2 面板门限检验结果

检验类型	统计量	模型1	模型2	模型3	模型4	模型5
单门槛检验	γ	0.061	0.039	0.072	0.071	0.154
	95%置信区间	[0.059, 0.063]	[0.038, 0.041]	[0.070, 0.075]	[0.069, 0.073]	[0.151, 0.157]
	F值	5.71	5.56	6.56	6.56	257.83
	P值	0.033	0.033	0.000	0.067	0.000
双门槛检验	γ_1	0.046	0.039	0.067	0.071	0.154
	95%置信区间	[0.042, 0.049]	[0.325, 0.041]	[0.051, 0.070]	[0.059, 0.073]	[0.151, 0.157]
	γ_2	0.037	0.053	0.044	0.095	0.086
	95%置信区间	[0.037, 0.040]	[0.051, 0.056]	[0.040, 0.047]	[0.092, 0.100]	[0.078, 0.085]
	F值	4.88	2.66	3.40	2.66	69.00
	P值	0.000	0.067	0.000	0.033	0.000
三重门槛检验	γ	0.061	0.067	0.055	0.119	0.049
	95%置信区间	[0.059, 0.063]	[0.064, 0.069]	[0.050, 0.058]	[0.115, 0.123]	[0.047, 0.052]
	F值	3.253	2.82	2.70	4.07	42.13
	P值	0.000	0.133	0.033	0.000	0.000
迭代次数		300	300	300	300	300
搜寻点数		30	300	300	300	300
年份		19	19	19	19	19
截面		29	29	29	29	29
样本数		493	493	493	493	493

注：γ代表门槛值。

表 3 – 3 门限回归分区制参数估计结果

	模型 1	模型 2	模型 3	模型 4	模型 5
ETFP（Dis > γ_1）	– 0.129 ***	– 0.129 ***	– 0.129 ***	– 0.129 ***	– 0.000
	(2.933)	(2.933)	(2.933)	(2.933)	(0.750)
ETFP（Dis < γ_1）	0.064 **	0.064 **	0.064 **	0.064 **	0.002 ***
	(1.396)	(1.396)	(1.396)	(1.396)	(10.398)
PGDP	– 16.798 *	– 16.798	– 16.798	– 16.798	– 0.523 ***
	(– 1.548)	(– 1.548)	(– 1.548)	(– 1.548)	(– 17.967)
$PGDP^2$	3.769 **	3.769	3.769	3.769	0.107 ***
	(1.109)	(1.109)	(1.109)	(1.109)	(11.273)
OPEN	– 1.912 **	– 1.912	– 1.912	– 1.912	0.015 ***
	(– 1.446)	(– 1.446)	(– 1.446)	(– 1.446)	(3.885)
HC	514.703 **	514.703	514.703	514.703	3.002 ***
	(1.246)	(1.246)	(1.246)	(1.246)	(2.691)
INDS	10.109 ***	10.109	10.109	10.109	0.182 ***
	(1.516)	(1.516)	(1.516)	(1.516)	(9.413)
KL	– 0.031 *	– 0.031	– 0.031	– 0.031	0.002 *
	(– 0.109)	(– 0.109)	(– 0.109)	(– 0.109)	(1.951)
cons	– 51.539	– 51.539	– 51.539	– 51.539	0.085
	(– 0.873)	(– 0.873)	(– 0.873)	(– 0.873)	(0.547)
N	493	493	493	493	551
R^2	0.044	0.044	0.044	0.044	0.768
sigma_u	11.124	11.124	11.124	11.124	0.155
sigma_e	25.589	25.589	25.589	25.589	0.081
F	2.324	2.324	2.324	2.324	188.815

注：①括号中为 t 统计量；②*** 、** 和 * 分别表示 1%、5% 和 10% 的显著性水平。

第一，对本书的控制变量检验结果进行说明。从人均 GDP 及其平方项的回归结果可以看出，GDP 的系数为 – 16.798，且在 10% 的水平上显著，$PGDP^2$ 系数为 3.769，在 5% 的水平上显著，这表明在本书的样本中，人均 GDP 与资本效率并未呈现倒 U 形关系。经济开放度系数在 5% 水平上显著为负，经济开放度的提高对资本效率提升并未发挥积极作用。我国人力资本系数在 5% 水平上显著为正，人力资本提升有利于资本效率提升，中国出口和投资拉动经济增长的模式有助于人力资本发挥作用。人力资本的优势在于吸收技术和创新，不易转化为固定资产投资，不能简单地与普通资本要素相等对待，我国人力资本尽管已经有了较大幅度的提升，但总体水平仍然偏低，这种情况下，提高人力资本投入仍为正确选择。

产业结构变量系数在 1% 的水平上显著为正，这表明中国第二产业比重的提高有利于资本效率的提升，通过提升第二产业比重、降低第三产业比重可以实现资本效率的提升。如前所述，中国现阶段第二产业偏重于资本密集型，要素价格扭曲导致资本对其他要素形成替代，随着第二产业比重的提高这一趋势可能愈加明显，要素价格扭曲是我国产业升级的一个关键影响因素，扭曲的要素价格带来扭曲的产业升级模式，这显然不利于我国经济增长质量的有效提升。

资本深化对资本效率的影响在 10% 水平上显著为负，对提升资本效率发挥消极作用。现阶段，资本和劳动要素的相对价格出现扭曲，资本价格由于利率等因素的管制长期被低估，劳动价格则由于最低工资等因素的助推开始偏离资本生产率出现高估的倾向，企业倾向于用资本替代劳动。中国各地区普遍表现出不同程度的资本深化加剧，而这种资本深化并非理想中的产品升级换代，只是生产方式更加倾向于资本密集型，简单地通过资本替代劳动实现产业升级，而好的产业升级是建立在技能提升基础之上的产品创新和产品附加值提升。

第二，技术进步随资本要素价格扭曲的波动而呈现的不同作用。当资本要素价格扭曲度 $Dis > \gamma_1$（0.061）时，$ETFP$ 的系数为 -0.129，在 1% 水平上显著为负；当资本要素价格扭曲度 $Dis < \gamma_1$（0.061）时，$ETFP$ 的系数为 0.064，在 5% 水平上显著为正。具体而言，在资本要素价格扭曲度 $Dis > \gamma_1$ 时，资本要素的配置无法通过市场机制而优化组合，此时决定资本效率的主要因素是资本要素价格扭曲程度，而非技术进步。

假设资本要素价格不变，资本要素价格扭曲加剧，基于成本最小化考虑企业会加大对资本要素的投入以替代其他要素，导致该企业研发技术偏向资本，以节约资本要素。每个生产厂商都选择其最有利的技术进步方式，当这种技术进步方式叠加到一定程度时，整个社会生产过程中的技术进步方式便会偏向资本要素，导致整体研发技术为资本偏向型。而当资本要素价格扭曲度 $Dis < \gamma_1$ 时，技术进步对资本效率的正向作用凸显。资本要素价格扭曲度降低，资本要素相对其他要素价格扭曲程度下降，企业以资本要素替代其他要素的经济活动将下降，企业资本偏向型的技术研发将下降。表 3-3 中模型 2 至模型 4 分别对门限变量（资本要素价格扭曲）的选取进行了稳健性检验，可以看出无论是因变量还是门限变量的估计值和符号都与模型 1 近似。模型 5 构建了更大范围意义上的要素市场扭曲，结果显示技术进步变量的符号与模型 1 相同，只是系数大小存在差异。

五　资本要素效率提升的对策选择

本书利用中国 29 个省份 1999~2017 年的面板数据，采用 MES 替代弹性方法计算资本、能源和劳动三要素之间是否存在替代弹性或者互补效应，采用非动态面板门限回归方法考察在资本要素价格扭曲影响下技术进步对资本效率产生的非线性效应，并且得到如下基本结论。

第一，中国资本效率在 1999~2017 年整体上呈现提高的趋势，其间提高幅度达到 228.82%。从大区域角度看，中国各经济区域资本效率在 1999~2017 年普遍持续升高，但北部沿海、东北、黄河中游和西北在 2015 年后则呈现渐趋下降的态势。第二，中国各经济区的资本和劳动对能源普遍存在 MES 互补效应，与此同时，能源对资本和劳动普遍存在 MES 替代效应。能源价格的严重扭曲导致大部分地区"资本和劳动"未能对"能源"进行有效替代，未能达到提高能源效率的目的；

由于能源要素价格扭曲程度高于资本要素，生产者倾向用能源替代资本，这使得能源需求总量上升，能源效率下降。第三，中国各经济区仅仅依靠技术进步不可能显著提高资本效率，还需同步推动中国的资本要素市场化改革。资本要素价格扭曲与技术进步存在交互作用，资本要素价格扭曲通过阻碍资本要素在区域间的配置效率，阻碍了技术进步对资本效率的促进效应。第四，根据资本要素价格扭曲程度将中国各省份划分为区域资本要素市场化发展滞后型、区域资本要素市场化发展波动型和区域资本要素市场化发展成熟型，中国多数省份资本要素市场发展滞后，资本要素市场化改革相对滞后，地方保护严重，影响了技术进步对资本效率的促进作用。

基于上述结论，本书提出如下政策建议。第一，针对资本要素市场化发展波动型的省份，资本效率改进政策的重点是增加对能耗与环境污染指标的关注，加快推进资本要素市场化改革，以实现技术进步对资本效率提升的促进作用。针对资本要素市场化发展成熟型的省份，资本效率改进政策的重点是促进技术创新，加大研发经费投入，提高资本要素资源利用的技术水平。至于资本要素市场化发展滞后型的省份，资本效率改进政策的重点是政府应减少对资本要素资源配置的干预，强化市场机制的作用。第二，政府针对技术水平低、资本效率低的主体（企业或者区域），不应该再通过行政手段分配资本要素资源，要使落后主体的利润回归合理水平，让市场决定落后产能主体的去留。第三，区域市场分割的局面要扭转，使资本要素价格能够尽可能反映不同资本要素禀赋、资本要素需求、资本效率差异。这样资本要素在各区域间才能自由流动、有效配置。第四，资本效率改进政策不应该局限于资本要素利用技术，更应该关注市场机制和行政体制的改革，政府应将有限的政策资源用于资本要素市场化改革，而不是在资本要素市场化改革尚未推进到位时，盲目倡导技术创新。

第二节　劳动要素价格扭曲、技术进步与劳动效率

一　导言

自 1992 年以来，中国开始加快推进价格市场化改革，市场逐渐成为配置大多数最终产品的决定性因素。但部分产品和生产要素仍然存在市场与计划双轨并行、市场化改革滞后的情形。我国劳动要素市场化程度已经得到极大改善，但我国实施的城乡户籍制度、最低工资保障制度及高涨的房价，已经成为我国劳动要素价格扭曲的关键影响因素。劳动要素价格扭曲的积极效应迅速衰减，对劳动要素资源配置的扭曲效应逐渐凸显。部分学者研究了劳动要素价格变动对劳动效率影响的差异性，发现劳动要素价格变动与劳动效率变动呈负相关关系，劳动要素价格扭曲束缚了技术进步和劳动效率的提升（李平等，2014；于明远等，2016；余东华等，2018；庞春，2019）。部分研究显示政府过度干预使得劳动要素价格出现扭曲，要素价格信号机制失灵，劳动要素价格的严重扭曲导致大部分地区资本对劳动要素呈替代趋势，资本深化加剧（陶小马等，2009；袁鹏等，2014；Pang et al.，2017；陆菁等，2019；张政等，2020）。

针对技术进步影响劳动效率的研究普遍存在三种观点。第一，技术进步能够提升劳动效率（董直庆等，2014；王芳等，2015；王燕武等，2019）。第二，技术进步对劳动效率存在非线性效应。技术进步在提高劳动效率的同时也会提高生产效率，产能扩大引致对劳动要素的需求增加，这导致技术进步对劳动效率的影响无法正确估计（朱轶，2016；吴鹏等，2018；苏永照，2017）。由于某些因素的作用，在一定阶段内，技术进步对劳动效率的提升作用不显著，甚至产生负向作用，这说明仅仅关注技术进步与劳动效率的正向关系存在片面性。第三，技术改进提高劳动效率是企业基于成本权衡的博弈行为，在资本要素价格较低与劳

动要素价格持续提高的背景下，企业必然提高资本要素的投入比重，这导致企业更加偏重于提升资本倾向型技术，进而提升资本要素效率，而非劳动效率。

本书的创新之处是深入分析了劳动要素市场化程度与技术进步的交互作用对劳动效率的影响机制。本书通过面板门限效应估计方法，识别中国不同经济区劳动要素市场化要达到什么程度，技术进步才能对劳动效率产生显著影响。要素市场化（降低要素价格的扭曲程度）已经由中国经济增长的次要矛盾转变为主要矛盾，在竞争性分配资源的市场制度中，市场主体对效率的不懈追求才能推动技术进步，要素市场的高效率是技术进步的微观基础。分析劳动要素市场化程度与技术进步交互作用下的劳动效率变动，对中国制定正确合理的改革措施非常关键。但据本书所知，针对此领域的研究较少。

下文结构安排如下：第二部分重点阐明考虑劳动要素市场化机制下，技术进步影响劳动效率的传导机制，并对实证模型进行设定；第三部分是变量选择与数据处理；第四部分是结果与讨论；第五部分是劳动要素效率提升的政策选择。

二 传导机制与模型设定

（一）技术进步影响劳动效率的传导机制

技术进步使一个经济体从一个较低的技术边界上升到一个较高的技术边界，但是这样的上升是否能充分有效改善劳动生产率，这取决于该经济体是否可以达到给定技术条件下的最大产出水平，没有任何效率损失。这个概念上的"零效率损失"需要一个充分有效的、得到制度保障的市场，不存在因制度性障碍而导致的要素价格扭曲。

要素价格扭曲是常态，区别在于程度大小，换言之，要素市场分割是一种普遍存在的经济现象。据此，本书假定整个宏观经济存在高技术高报酬、高技术低报酬、低技术高报酬和低技术低报酬四类经济主体①。高技术高报酬是技术进步的主体，劳动要素规模报酬递增或者不变，高技术低报酬、低技术高报酬和低技术低报酬经济主体劳动要素规模报酬则递减。如果劳动要素市场有效，劳动要素的配置最终将从高技术低报酬、低技术高报酬和低技术低报酬主体流向高技术高报酬主体，强调"最终"的原因在于低技术高报酬主体的劳动要素在短期内获取超额报酬并不具有长期稳定性，不符合企业经营利益最大化的基本原则，最终必然要过渡到高技术高报酬。高技术高报酬经济主体产出增加幅度高于劳动要素投入增幅，规模报酬递增的同时，劳动效率在边际上也表现为提升。如果劳动要素市场无效，劳动要素的配置可能从高技术高报酬主体流向高技术低报酬、低技术高报酬和低技术低报酬主体，这些经济主体产出增加幅度低于劳动要素投入增幅，规模报酬递减的同时，劳动效率在边际上也表现为降低。现实中，劳动要素价格扭曲为 0 是一种极端情况，劳动要素价格扭曲是常态，在具体分析中，本书更多考察劳动要素价格扭曲的相对水平。

基于以上微观框架，技术进步对劳动效率的宏观表现为技术进步对劳动效率作用方向在整个经济的不同时期以及同一时期的不同区域均存在差异性。存在这种差异性的主要原因就是劳动要素价格扭曲程度的差异性。时间维度的差异在于中国整体市场化改革的不断推进，总体市场化程度在不同时期差异明显；空间维度的差异在于中国各地区发展阶段的差异，而这种差异则是中国梯度发展模式所致。在时间维度的差异和空间维度的差异相互作用下，各区域技术进步对劳动效率总体效应存在显著差别，这种差异是中国渐进式改革的客观结果。劳动要素价格市场化改革初期，劳动要素配置主要受行政力量指使，劳动要素市场无效，图 3-10 中的传导机制 1 占据上风，技术进步对劳动效率的宏观作用要

---

① 区分出技术和报酬两个标准，是因为基于"边际法则"的要素价格扭曲测度在传统单要素效率测度基础上增加了要素价格因素，对应则可以得出要素技术和要素报酬两个分析因素。

么无济于事，要么下降。而随着改革进程的不断深入以及地区市场分割的逐渐消除，劳动要素价格扭曲的中间作用将被减弱，劳动要素市场有效性渐趋增强，此时以传导机制 2 为主，技术进步对劳动效率的作用要么无济于事，要么提高。

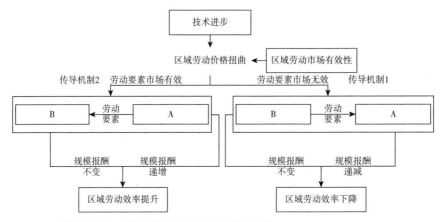

A：低技术低报酬、高技术低报酬和低技术高报酬经济主体
B：高技术高报酬经济主体

图 3 - 10　技术进步对劳动效率的传导机制

（二）模型设定

为了验证技术进步对劳动效率的非线性效用关系，常规做法是引入交互项进行分析。但交互项回归存在系数形式需要外生给定、系数不稳定等问题。为弥补上述不足，本书采用 Hansen（1999）提出的非动态面板门限回归模型进行分析，将构造的劳动要素价格扭曲系数作为门限变量，考察技术进步与劳动效率的关系是否发生了结构突变。与传统的线性回归相比，面板门限模型具有以下优点。首先，它通过内生的方式，从样本估计中分离出以门限变量为基础的多个样本，并分别估计各样本中自变量与因变量之间的关系。其次，从模型估计结果可以观察出在样本期间内，自变量与因变量之间的关系是否发生了结构性突变，这为准确识别变量间的关系提供了一种新思路。具体而言，通过非动态面

板门限回归方法，可以发现技术进步对劳动效率的作用方向取决于劳动要素价格扭曲所处的波动区间，从而通过内生的方式，考察劳动要素价格扭曲对劳动效率的间接作用和技术进步的非线性影响，考虑两区制门限面板回归模型：

$$Y_{it} = \alpha_{it} + \beta_1 X_{1it} + (\beta_2 X_{2it})I(tv \leqslant \gamma) + (\beta_3 X_{2it})I(tv > \gamma) + \varepsilon_{it}$$

公式（3 - 4）

在公式（3 - 4）中，Y_{it} 为被解释变量，X_{1it} 为不受门限效应影响的解释变量，X_{2it} 为受门限效应影响的解释变量。$I(\cdot)$ 为指示变量，若括号内表达式成立则取值为 1，否则取值为 0。tv 为门限变量，γ 为门限值，作为分区制的标准。门限回归模型的关键在于如何估计门限值，在得到门限估计值以后，还需要检验门限效应的显著性。本书将技术进步设定为可变系数变量，模型中其他变量为控制变量，具体包括外商直接投资占 GDP 比重、产业结构、资本深化、区域人口密度和城市化水平。根据门限回归模型特征，本书设定模型如下：

$$LE_{it} = \alpha_0 + \alpha_1 FDI_{it} + \alpha_2 INDS_{it} + \alpha_3 KL_{it} + \alpha_4 PD_{it} + \alpha_5 UR_{it}$$

$$+ (\alpha_{61} ETFP_{it})I(Dis_{it} \leqslant \gamma) + (\alpha_{62} ETFP_{it})I(Dis_{it} > \gamma) + \varepsilon_{it} \quad 公式（3 - 5）$$

在公式（3 - 5）中，FDI_{it} 表示外商直接投资，$INDS_{it}$ 表示产业结构，KL_{it} 表示资本深化，PD_{it} 表示区域人口密度，UR_{it} 表示城市化水平，$ETFP_{it}$ 表示技术进步，Dis_{it} 表示劳动要素价格扭曲。

三 变量选择与数据处理

（一）变量选择

1. 被解释变量

劳动效率的测度包含"单要素和全要素"两种分析框架。单要素劳动效率重在测度劳动要素投入的有效利用程度，为实际 GDP 与劳动要素消耗量之比，但指标的测度范围局限于劳动要素与正产出之间的一对一生产关系。全要素劳动要素生产率则是从劳动要素投入生产角度衡量有效产出的能力，全要素劳动要素生产率指标考虑了不同要素间存在的替代与互补效应。尽管全要素劳动要素生产率能够更准确地反映劳动效率，但为了避免与生态全要素生产率指标（技术进步）产生内生性，本书采用单要素劳动效率指标。全要素劳动生产率作为单要素劳动效率的替代指标，在稳健性检验中测试估计结果的稳健性。

2. 解释变量

（1）技术进步

本书采用生态全要素生产率反映技术进步。本书采用相加结构的 Luenberger 生产率指数构建全要素生产率框架与分要素全要素生产率指标模型，更能准确刻画总体绩效与分项生产要素绩效之间的内在逻辑关系（Chang and Hu，2012）。传统 DEA 模型得出的效率值最大为 1，结果中会出现多个相同值的 DMU，这不利于对效率水平的进一步区分。为此，本书引入超效率 DEA 模型解决上述问题，构建包含非合意产出、基于投入导向的超效率方向性距离函数（Chambers et al.，1996）。

（2）劳动要素价格扭曲指数测度

本书借鉴王芃和武英涛（2014）运用边际法则确定研究对象间市场相对扭曲程度的方法构建省域劳动要素市场相对扭曲系数，如公式（3-6）所示：

$$\gamma_{Eit} = \frac{Y_{it}}{L_{it}} \times \frac{L_a}{Y_a} \times \frac{P_{ka}}{P_{kit}} \qquad 公式（3-6）$$

在公式（3-6）中，a 是基准省份，本书选取 2017 年市场化指数最高的上海、浙江和福建三个地区作为参照分别计算劳动要素价格扭曲程度，最后取基于上述三个区域的劳动要素价格扭曲平均值反映各省份劳动要素价格扭曲程度，这样有助于保证结果的稳健性。Y_{it} 代表第 i 省份第 t 年实际总产出，L_{it} 代表第 i 省份第 t 年份劳动要素消耗总量。L_a 和 Y_a 分别代表基准省份 2017 年劳动要素消耗量和实际总产出。P_{ka} 和 P_{kit}

分别表示基准省份 2017 年劳动要素价格和各省份各年份的劳动要素价格。根据公式（3－6），若 γ_{Eit} 大于 1，第 i 省份第 t 年的相对劳动要素价格则超过基准省份，表现为劳动要素价格的正扭曲，反之则为劳动要素价格负扭曲。考虑到劳动要素价格市场化的进程是劳动要素价格去政府干预的过程，因此，在本书中，所有的劳动要素价格扭曲结果均小于 1，或者说，相对于基准省份均表现为负扭曲。为方便解释，本书取其倒数反映劳动要素价格扭曲程度，指标越大，意味着某一省份相对市场化程度最高的基准省份 2017 年价格越远，劳动要素市场扭曲程度越大。

（3）控制变量

外商直接投资占 GDP 比重：外商直接投资在改革开放初期极大地推动了中国的技术进步和管理现代化，一个区域的外商直接投资不仅可以增加该区域的物质资本存量，还可以通过技术外溢对该区域的劳动生产率产生影响。产业结构：本书分别以第二产业产出占非农产业产出比重的"工业化"水平与第三产业占非农产业产出比重"服务化"水平来衡量产业结构，以研究"工业化"与"服务化"对区域劳动生产率的影响。人力资本：本书用就业人员平均受教育程度和教育回报率的乘积控制人力资本的影响，教育回报率采用彭国华（2005）的方法计算。资本深化：采用区域实际资本存量与总劳动力数量之比来衡量。城市化水平：用地级单位城镇就业量占总就业量的比重来衡量其城市化水平。区域人口密度：人口密度被用来识别密集经济活动所带来的技术外部性对劳动生产率的影响，本书用区域人口总数除以区域面积计算区域人口密度。

（二）数据来源与处理

本书基于数据的可得性选择 29 个省份为决策主体（四川与重庆合并，西藏由于数据大量缺失而剔除）。本书选择 1999～2017 年为样本观测期，原因有两个方面。第一，1998 年发生了东南亚金融危机，中国经济受到严重冲击，新一轮改革也在危机中启动，1998 年是中国经济发展的重要节点。第二，新中国成立以来，中国区域发展战略经历了三个时期：1949～1978 年以公平优先为发展导向，推动内陆地区均衡发展；1979～1998 年以效率优先为发展导向，扶持沿海地区率先发展；1999 年至今，兼顾公平与效率，鼓励各地区协调发展，1999 年至今具有较为明显的历史阶段性特征。地区生产总值、就业人口数据、外国直接投资、第二产业和第三产业数据均源于历年《中国统计年鉴》，污染排放数据来自《中国环境统计年鉴》，固定资本存量数据借鉴单豪杰（2008），采用永续盘存法对中国各省份资本存量进行估计得到。本书选择总产出平减指数将历年名义 GDP 转为以 1999 年为基期的实际 GDP。

四 结果与讨论

（一）劳动效率区域分布

如图 3－11 至图 3－18 所示，中国劳动效率在 1999～2017 年整体上呈现提高的趋势，其间提高幅度达到 228.82%。从大区域角度看，中国各经济区域劳动效率在 1999～2017 年持续升高，但北部沿海、东北、黄河中游和西北在 2015 年后则呈现渐趋下降的态势。1999～2017 年，劳动效率增长率按降序排列依次为：长江中游、西南、黄河中游、西北、北部沿海、东部沿海、南部沿海、东北。其中，长江中游、西南、黄河中游和西北的劳动效率提高幅度显著超过全国平均水平，但这并不意味着上述经济区劳动效率的绝对水平超过其他经济区。从 2017 年各经济区劳动效率绝对值角度看，东部沿海、北部沿海和南部沿海三个沿海经济区的劳动效率显著超过全国平均劳动效率，且显著超过其他各经济区的劳动效率，其他经济区的劳动效率按绝对值降序排列依次为东北、黄河中游、长江中游、西北和西南。中国各省份在经济发展水平、自然资源以及人口素质等多方面存在差异，经济区域内部各省份的

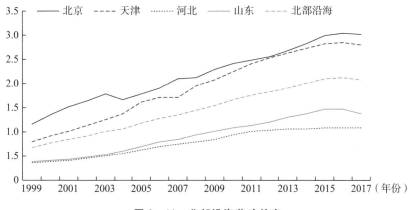

图 3 - 11　北部沿海劳动效率

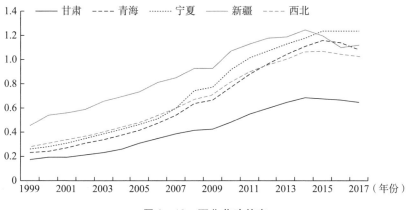

图 3 - 12　西北劳动效率

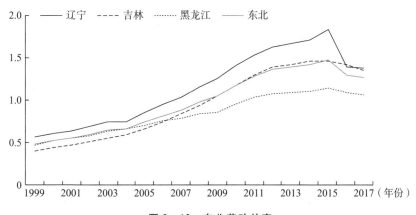

图 3 - 13　东北劳动效率

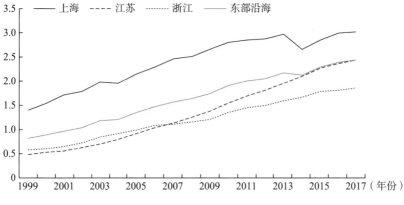

图 3-14 东部沿海劳动效率

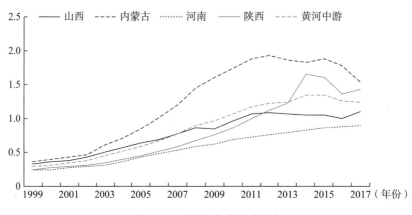

图 3-15 黄河中游劳动效率

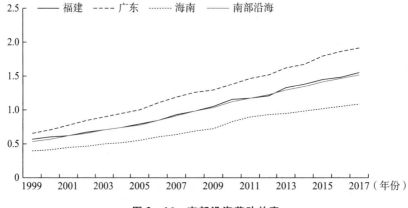

图 3-16 南部沿海劳动效率

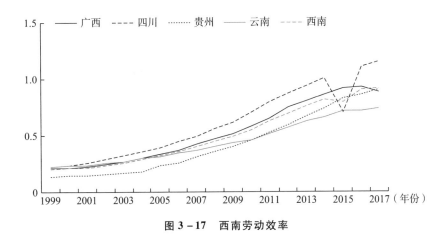

图 3 - 17　西南劳动效率

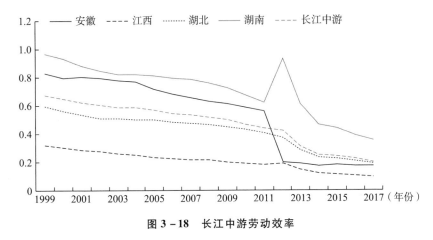

图 3 - 18　长江中游劳动效率

劳动效率存在较大差异。

　　第一，东部沿海、北部沿海和南部沿海的劳动效率相对较高。北部沿海的北京和天津的劳动效率显著超过河北和山东，观测期间内北京、天津、河北和山东劳动效率提升幅度分别为 159.14%、250.48%、197.22% 和 262.59%。北京是中国政治和文化中心，属于经济发达地区，技术及设备先进，资本充足率较高，劳动力素质、受教育水平明显高于其他地区，在相同劳动要素消耗的投入下，北京的 GDP 产值要比其他地区高很多。与此同时，天津尽管不是经济技术发达地区，但毗邻北京，在溢出效应作用下，劳动效率也得到较大改善，河北和山东的劳动效率虽有较大提升，但由于初始水平较低，其 2017 年劳动效率绝对值仍然远低于北京和天津。东部沿海的上海劳动效率显著超过江苏和浙江，但观测期间内江苏劳动效率的提升幅度显著超过浙江和上海。南部沿海的广东劳动效率的绝对值和提升幅度一直超过福建和海南。上海、江苏、浙江、广东和福建的经济属于外向型发展模式，这些省份通过加深国际市场参与度推动本地自主技术创新，进而提升劳动效率。

第二，东北、黄河中游、长江中游、西北和西南的劳动效率增长率显著低于全国平均水平，尤其是西北和西南。东北的劳动效率 2017 年绝对值位居全国第四，但劳动效率期间内提升幅度居于各经济区末位，劳动效率优势渐趋弱化，辽宁劳动效率一直超过吉林和黑龙江，2006 年是吉林和黑龙江劳动效率的分界点，2006 年之前黑龙江的劳动效率一直超过吉林，而后则相反，且吉林的劳动效率期间内提升幅度显著超过辽宁和黑龙江。黄河中游的内蒙古的劳动效率一直显著超过其他省份，但在 2012 年达到期间峰值后呈下降趋势，陕西的劳动效率追赶趋势明显，增长幅度显著超过河南和山西。长江中游劳动效率初始水平较低，但增幅第一，其中湖南的劳动效率绝对值和增长幅度均显著超过江西和安徽。西北和西南劳动效率 2017 年绝对值分别位居倒数第一和倒数第二，尽管期间内增长幅度较大，但限于较低的基础，其劳动效率仍然显著低于其他经济区，西北的甘肃劳动效率显著低于区域内其他省份，西南的四川劳动效率则显著超过区域内其他省份。

（二）要素替代弹性

在经济系统中，生产要素价格是市场进行资源优化配置的关键手段。当要素价格上升时，理性投资者将尽可能降低相应要素投入，转而依赖其他可替代要素，借此实现在同等产出水平下生产成本的最小化。鉴于 MES 替代弹性有助于决策者准确识别要素间是否存在替代或互补效应（Blackorby et al.，1989；Morishima，1967），本书采用 MES 方法计算中国各地区能源、资本和劳动要素间的替代弹性。MES 替代弹性可以转化为交叉价格弹性与自价格弹性之差，为了进一步分析 MES 弹性形成的内在机制，本书同时考察生产要素的交叉价格弹性（CES）和自价格弹性（AES）。表 3 - 4 列示了中国八个经济区 MES、CES 以及 AES 弹性的计算结果。

第一，MES_{EL} 结果显示除黄河中游以外的七个经济区弹性均为负，L/E 随能源价格提高而降低，劳动要素对能源要素存在互补效应，当能源价格上升，市场主体对能源需求的降低导致对劳动要素的需求减少，这意味着中国大部分经济区在能源价格上升的前提下，劳动要素未能对能源要素形成替代，能源要素价格的变动未能引发能源和劳动在市场上的有效配置。交叉价格弹性（CES_{EL}）在所有地区显著低于能源的自价格弹性（AES_{EE}），能源自价格弹性在 MES_{EL} 普遍为负的结果中发挥关键作用，能源自价格弹性在各经济区普遍为正，这意味着能源价格未能发挥其市场调控作用。

MES_{LE} 在所有地区均为正，E/L 随劳动价格的提高而提高，能源要素对劳动要素存在 MES 替代效应，如果劳动要素价格上升，劳动要素需求下降将引致对能源要素需求的上升，这意味着中国所有经济区在劳动要素价格上升的前提下，能源要素能够对劳动要素形成替代。交叉价格弹性（CES_{LE}）在所有地区存在能源对劳动的替代效应，劳动自价格弹性（AES_{LL}）显著低于交叉价格弹性（CES_{LE}），交叉价格弹性（CES_{LE}）在 MES_{LE} 为正的结果中发挥关键作用。劳动要素的自价格弹性（AES_{LL}）为正，说明劳动要素价格的提高导致劳动需求提高，劳动要素价格变动未能在市场调控中发挥作用。中国劳动要素市场化程度虽然已经得到极大改善，但中国的城乡户籍制度严重阻碍了劳动要素价格的市场化进程，劳动要素价格扭曲的积极效应迅速衰减，对劳动要素资源配置的扭曲效应逐渐凸显。

表 3-4 劳动、资本和能源要素的平均替代弹性

	北部沿海	西北	东北	东部沿海	黄河中游	南部沿海	西南	长江中游
CES_{EL}	85.93	-10.85	-27.23	24.17	-28.39	7.69	21.79	241.89
CES_{EK}	61.26	-11.95	19.82	21.15	-23.00	4.97	12.03	176.18
CES_{LE}	548.41	1478.36	1004.62	1385.23	924.81	2197.24	1300.41	1193.24
CES_{KE}	-1504.06	199.56	-3118.46	8508.14	17311.39	15649.67	17210.00	14175.66
CES_{KL}	204.26	274.09	32.95	26.84	110.29	56.73	91.85	44.53
CES_{LK}	8.19	9.96	10.01	7.41	8.50	7.74	7.61	9.81
AES_{EE}	5155.66	3430.60	1008.05	796.93	-5402.97	6266.05	899.73	3813.36
AES_{LL}	12.61	9.93	13.07	9.83	11.60	15.29	9.71	10.45
AES_{KK}	9.76	46.14	2.61	59.90	-36.15	99.59	78.44	276.55
MES_{EL}	-5069.74	-3441.45	-1035.28	-772.76	5374.58	-6258.37	-877.93	-3571.47
MES_{LE}	535.80	1468.44	991.56	1375.40	913.21	2181.95	1290.70	1182.79
MES_{EK}	-5094.40	-3442.55	-988.23	-775.78	5379.97	-6261.09	-887.69	-3637.18
MES_{KE}	-1513.83	141.32	-3092.17	8568.65	17265.25	15618.75	17184.07	10977.96
MES_{KL}	186.56	207.52	59.24	87.36	64.15	27.14	65.39	46.52
MES_{LK}	-4.42	-4.56	-1.94	-0.91	-1.43	-2.49	-4.04	-3.04

注：E、K 和 L 分别代表能源、资本和劳动。

第二，MES_{KL} 在所有地区均为正，L/K 随资本要素价格的下降而下降，劳动要素对资本要素存在 MES 替代效应。如果资本要素价格上升，资本要素需求下降将引致对劳动要素需求的上升，这意味着中国大部分经济区在资本价格上升的前提下，劳动要素能够对资本要素形成替代。交叉价格弹性 CES_{KL} 在所有地区为正，且显著大于资本自价格弹性（AES_{KK}），交叉价格弹性 CES_{KL} 对 MES_{KL} 结果发挥关键作用。MES_{LK} 在所有经济区均为负，K/L 随劳动价格的提高而降低，资本要素对劳动要素存在 MES 互补效应。如果劳动要素价格上升，劳动要素需求下降将导致对资本要素的需求下降，劳动要素价格的变动未能促进劳动和资本在市场上的有效配置。劳动要素的自价格弹性大于资本对能源要素的交叉价格弹性（CES_{LK}），劳动要素自价格弹性是 MES_{LK} 呈互补效应的根本原因。

（三）回归分析

结合 Hansen 提出的算法，本书对门限效应依次进行检验。在门限检验时，设定 300 次迭代，依次搜寻 551 个样本点。表 3 - 5 展示了模型 1 至模型 6 的门限检验结果，模型 2 至模型 6 是对模型 1 门限检验结果的稳健性检验。具体而言，模型 2 至模型 4 的门限变量分别为基于上海、浙江和福建计算的劳动要素价格扭曲，用来判断分析结果是否对基准参照省份的选择稳健；模型 5 的门限变量为根据 Parsley 和 Wei 方法计算的中国市场分割指数，本书将商品和生产要素（资本、劳动和能源）同时纳入市场分割指数之中，不局限于劳动要素资源，在更大范围内考察市场扭曲造成的影响；模型 6 采用生态全要素劳动生产率替代单要素劳动效率进行检验。

由表 3 - 5 可知，模型 1 至模型 5 单门限检验的 P 值均低于 10% 的显著性水平，只有模型 6 的 P 值大于 10% 的显著性水平，这意味着模型 1 至模型 5 在 10% 的显著性水平上拒绝只有一个门限的检验，模型 6

表 3 - 5 面板门限检验结果

检验类型	统计量	模型 1	模型 2	模型 3	模型 4	模型 5	模型 6
单门槛检验	γ	0.335	0.245	0.335	0.410	3.000	0.400
	95% 置信区间	[0.060, 0.700]	[0.050, 0.480]	[0.080, 0.830]	[0.080, 1.000]	[2.000, 27.000]	[0.060, 0.700]
	F 值	3.309	2552.979	3.743	2.573	7.257	4.977
	P 值	0.067	0.033	0.067	0.067	0.000	0.200
双门槛检验	γ_1	0.185	0.255	0.215	0.260	15.000	0.065
	95% 置信区间	[0.060, 0.069]	[0.050, 0.480]	[0.080, 0.820]	[0.080, 0.990]	[2.000, 26.000]	[0.060, 0.690]
	γ_2	0.240	0.245	0.300	0.370	3.000	0.380
	95% 置信区间	[0.080, 0.069]	[0.050, 0.480]	[0.110, 0.820]	[0.150, 0.990]	[3.000, 10.000]	[0.080, 0.690]
	F 值	7.063	4.736	3.797	7.202	3.352	2.783
	P 值	0.167	0.100	0.133	0.100	0.100	0.233
三重门槛检验	γ	0.090	0.110	0.110	0.140	5.000	0.400
	95% 置信区间	[0.070, 0.700]	[0.050, 0.480]	[0.080, 0.830]	[0.090, 0.990]	[2.000, 26.000]	[0.090, 0.700]
	F 值	2.751	2.014	2.366	2.771	1.172	0.182
	P 值	0.233	0.233	0.267	0.133	0.433	0.567
迭代次数		300	300	300	300	300	300
搜寻点数		300	300	300	300	300	300
年份		19	19	19	19	19	19
截面		29	29	29	29	29	29
样本数		551	551	551	551	551	551

注：γ 为门槛值。

则在10%的显著性水平上接受只有一个门限的检验。双门限检验和三重门限检验的 P 值均大于10%的显著性水平，这意味着模型接受有更多门限值的可能，检验结果接受三重门限的原假设，本书将选择三重门限结果作为分析的基础。在门限检验的基础上，基于门限估计值对面板数据进行分区及估计（Hansen，1999）。将模型分成四区制时，技术进步对劳动效率的系数符号均为（ + ， + ， + ， + ），鉴于二、三、四区制系数均为正，区别仅在于三、四区制的系数存在差别。因此，本书为便于分析，将模型1至模型6简化为（ + ， + ）的双区制，在表3 – 6中仅展示单门限的回归结果①。由表3 – 6可知，对于不变系数变量，模型1至模型6显示技术进步对劳动效率影响的方向均相同，表明基础模型1的检验结果具有较高的稳健性特征。本书对模型1检验结果解读如下。

第一，对本书的控制变量检验结果进行说明。资本深化对劳动效率的影响在10%水平上显著为负，对提升劳动效率发挥消极作用，这一结果与多数研究结果相反。鉴于本书所使用的劳动效率指标是单要素劳动生产率，对劳动要素的数量更为关注，因此研究中的资本要素对劳动要素的替代作用在估计中普遍反映为资本深化与劳动要素效率的反向运动也可以理解。现阶段，由于资本和劳动要素的相对价格出现扭曲，资本价格由于利率等因素的管制长期被低估，劳动价格则由于最低工资等因素的助推开始偏离劳动生产率出现高估的倾向，企业倾向用资本替代劳动。中国各地区普遍表现出不同程度的资本深化加剧，而这种资本深化并非理想中的产品升级换代，只是生产方式更加倾向于资本密集型，简单地通过资本替代劳动实现产业升级，而好的产业升级是建立在劳动者技能提升基础之上的产品创新和产品附加值提升。

---

① 若读者需要，可以向笔者索要完整的回归结果。

表 3 - 6 门限回归分区制参数估计结果

	模型 1	模型 2	模型 3	模型 4	模型 5	模型 6
$ETFP$ $(Dis<\gamma_1)$	0.260***	0.394***	0.183**	0.187***	0.367***	0.00392***
	(4.33)	(11.42)	(2.58)	(3.75)	(8.63)	(3.03)
$ETFP$ $(Dis>\gamma_1)$	-0.239***	-0.413***	-0.133**	-0.169***	-0.217***	-0.00177***
	(5.39)	(12.79)	(2.44)	(4.44)	(3.42)	(2.59)
KL	-0.0534*	-0.128*	-0.167	-0.0921	-0.0736	-0.00486***
	(-0.58)	(-1.82)	(-1.49)	(-1.17)	(-0.79)	(-3.22)
$INDS$	14.04***	6.475***	7.131***	8.939***	7.292***	-0.107***
	(6.99)	(4.19)	(2.89)	(5.16)	(3.55)	(-3.22)
FDI	-0.0341	-0.143	-0.681	-0.536	-0.576	-0.0305***
	(-0.04)	(-0.15)	(-0.94)	(-0.75)	(-1.14)	(-3.21)
UR	2.006	8.300	16.76*	8.567	-16.51**	2.887***
	(0.24)	(1.33)	(1.67)	(1.21)	(-1.97)	(21.54)
PD	-10.04	-9.316*	-16.42*	6.742	-32.24***	3.244***
	(-1.46)	(-1.77)	(-1.95)	(1.14)	(-4.59)	(28.52)
LC	-312.3**	-253.7***	-198.7	-360.8***	-56.58	3.601*
	(-2.47)	(-2.64)	(-1.27)	(-3.29)	(-0.44)	(1.76)
$cons$	111.3***	99.68***	134.9***	32.89	208.7***	-18.36***
	(2.89)	(3.42)	(2.86)	(0.99)	(5.39)	(-29.27)
N	551	551	551	551	551	551
R^2	0.131	0.247	-0.006	0.073	0.166	0.860

注：①括号中为 t 统计量；②***、**和*分别表示1%、5%和10%的显著性水平。

　　产业结构变量系数在1%的水平上显著为正，这表明中国第二产业产出比重的提高有利于劳动效率的提升，提升第二产业产出比重、降低第三产业产出比重可以实现劳动效率的提升。如前所述，中国现阶段第二产业偏重于资本密集型，要素价格扭曲导致资本对劳动要素形成替代，随着第二产业产出比重的提高这一趋势可能愈加明显，要素价格扭曲是我国产业升级的一个关键影响因素，扭曲的要素价格带来扭曲的产业升级模式，这显然不利于我国经济增长质量的有效提升。

　　外商直接投资占比系数为负，不显著。尽管我国外商直接投资占比在观测期间内平均提高幅度高达180.85%，但对我国劳动效率的促进作用仍然不显著。我国外商直接投资的特征可以概括为如下三个方面：一是国外高污染、高耗能、劳动密集型产业通过FDI的方式转移至中国；二是外商直接投资普遍将中国作为生产组装加工基地，形成产成品后再出口；三是利用中国的廉价劳动力和廉价资源。显而易见，上述特征一定程度上决定了外商直接投资占比即便持续提升，在客观上也很难有效提升我国劳动效率。

　　城市化水平系数为正但不显著，这可以理解为中国城市化进程的提高尽管有助于提升劳动效率，但提升效果并不明显。中国城市化进程正在推进，中国城市化率要达到75%，甚至80%左右，大量农村劳动人口将进入城市。农村人口涌入城市从事技术要求不高的工业和服务业，即使如此，劳动要素的技能水平也因为这些初级培训得到提升，从而提升了劳动效率。城市化进程对农村劳动力有较大的需求，农村劳动人口进城也可以带来收入和教育水平的提升，但城市化规模又在限制和控制农村劳动力的进入，城市化进程对劳动效率提升的效应降低，这也恰是我国城市化进程亟须解决的矛盾。

　　区域人口密度系数为负，但不显著，与此同时我国人力资本系数在5%水平上显著为负。中国人口密度提高并未对劳动效率提升产生积极影响，人力资本提升不利于劳动效率提升的结论也在一定程度上印证了这一观点。事实上，人力资本对劳动效率负效应的结果与学界普遍对人力资本的认知相违背，但估计结果较高的显著性要求本书接受这一结果。通过分析，本书识别出两个可能的原因。第一，中国出口和投资拉动经济增长的模式不利于人力资本发挥作用，人力资本的优势在于吸收技术和创新，不易转化为固定资产投资，不能简单地与普通劳动要素相等对待。第二，我国人力资本尽管已经有了较大幅度的提升，但总体水平仍然偏低，不合理的经济增长方式使得加大人力资本投入反而会对其他要素投入产生挤出效应，影响其他要素对经济增长的直接作用效果。换言之，等量的提升人力资本投入对经济增长的贡献率低于等量资本要素投入对经济增长的贡献率，而产出是影响劳动效率的关键因素，这种情况下，降低人力资本投入，反而成为正确选择，提升人力资本投入反而会降低劳动效率。

第二，技术进步随劳动要素价格扭曲的波动而呈现不同作用。当劳动要素价格扭曲度 $Dis < \gamma$（0.335）时，技术进步 $ETFP$ 的系数为 0.260，在 1% 水平上显著为正；当劳动要素价格扭曲度 $Dis > \gamma$（0.335）时，技术进步 $ETFP$ 的系数为 -0.239，在 1% 水平上显著为负。具体而言，在劳动要素价格扭曲程度 $Dis > \gamma$（0.335）时，劳动要素的配置无法通过市场机制优化组合，此时决定劳动效率的主要因素是劳动要素价格扭曲程度，而非技术进步。假设资本要素价格不变，劳动要素价格扭曲加剧，基于成本最小化考虑，企业会加大对资本要素的投入替代劳动要素，导致该企业研发技术偏向资本，以节约劳动要素。每个生产厂商都选择其最有利的技术进步方式，当这种技术进步方式叠加到一定程度时，整个社会生产过程中的技术进步方式便会偏向资本要素，而减少使用劳动要素，导致整体研发技术为资本偏向型。当劳动要素价格扭曲度 $Dis < \gamma$（0.355）时，技术进步对劳动效率的正向作用凸显。劳动要素价格扭曲降低，劳动要素相对资本要素价格扭曲程度下降，企业以资本要素替代劳动要素的经济活动下降，企业资本偏向型的技

术研发将下降，劳动偏向型的技术研发将提高。表 3 - 6 中模型 2 至模型 4 分别对门限变量（劳动要素价格扭曲）的选取进行了稳健性检验，可以看出无论是因变量还是门限变量的估计值和符号都与模型 1 近似。模型 5 构建了更大范围意义上的要素市场扭曲，结果显示技术进步变量的符号与模型 1 相同，只是系数大小存在差异。模型 6 对因变量（单要素劳动效率）的选取进行稳健性测试，结果也只是系数大小存在差异。

　　为进一步识别各区域技术进步与劳动效率的作用类型，本书根据三重门限检验的门限值（模型 1）对劳动要素价格扭曲进行分类，将中国 29 个省份划分为 3 种类型，以此明确各省份的政策取向。

　　第一，劳动要素市场发展成熟型。该类型省份的劳动要素市场扭曲度明显要高于门限值，劳动要素市场化改革较为深入，主要集中于辽宁、福建、江苏、浙江、广东、天津、北京、上海。这些省份劳动要素市场化改革明显领先于其他省份，这为新技术的应用创造了有利条件。

　　第二，劳动要素市场发展波动型。该类型的省份劳动要素价格扭曲度围绕门限值上下波动，但总体上劳动要素市场化程度仍处于较低水平。该类型主要集中在江西、湖南、宁夏、山西、青海、湖北、陕西、海南、河北、黑龙江、新疆、山东、吉林、内蒙古。劳动要素市场扭曲的波动源于政府与市场力量的博弈，从新经济地理学的角度来看，该类省份距离市场化程度较高的沿海地区较近，会受到周边市场化改革空间溢出效应的影响。但该类型省份的发展还比较落后，政府介入经济发展，依靠地方保护低估劳动要素价格而保持地区竞争力。对于此类型地区，劳动效率、经济发展的权衡取舍是政策制定者面临的重要任务。

　　第三，劳动要素市场发展滞后型。该类型的省份劳动要素价格扭曲度波动分布明显低于门限值以下，劳动要素市场化改革较为落后。该类型省份主要集中在劳动要素相对丰裕的贵州、安徽、甘肃、广西、云南、河南、四川。这类省份的发展落后于沿海地区。该类型省份地方政府有理由人为压低劳动要素价格保持地方竞争力。这种地方保护主义导致的市场分割扭曲了劳动要素资源配置，造成了产业结构趋同，致使地区间相互牵制难以实现规模经济，从而造成劳动效率损失。对于该类型省份，当务之急是打破这种分割的局面，建立一个统一调度的劳动要素大市场，实现劳动要素自由流动。

五　劳动要素效率提升的政策选择

本书利用中国 29 个省份 1999～2017 年的面板数据，采用 MES 替代弹性方法计算劳动、能源和资本三要素之间是否存在替代弹性或者互补效应，采用非动态面板门限回归方法考察在劳动要素价格扭曲影响下技术进步对劳动效率产生的非线性效应，并且得到如下基本结论。

第一，中国劳动效率在 1999～2017 年整体上呈现提高的趋势，但北部沿海、东北、黄河中游和西北在 2015 年后则呈现渐趋下降的态势。1999～2017 年，劳动效率增长率按降序排列依次为：长江中游、西南、黄河中游、西北、北部沿海、东部沿海、南部沿海、东北，2017 年东部沿海、北部沿海和南部沿海三个沿海经济区的劳动效率显著超过全国平均劳动效率。

第二，中国各经济区的劳动和资本对能源普遍存在 MES 互补效应，与此同时，能源对劳动和资本普遍存在 MES 替代效应。能源价格的严重扭曲导致大部分地区"劳动和资本"未能对"能源"进行有效替代，以提高能源效率；能源价格扭曲程度高于资本，使得生产者倾向用能源替代资本，能源需求总量上升，能源效率下降。

第三，中国各经济区仅仅依靠技术进步不可能显著提高劳动效率，还需同步推动中国的劳动要素市场化改革。劳动要素价格扭曲与技术进步存在交互作用，劳动要素价格扭曲通过阻碍劳动要素在区域间的配置效率，阻碍了技术进步对劳动效率的促进效应。

第四，根据劳动要素价格扭曲程度将中国各省份划分为区域劳动要素市场化发展滞后型、区域劳动要素市场化发展波动型和区域劳动要素市场化发展成熟型，中国多数省份劳动要素市场发展滞后，劳动要素市场化改革相对滞后，地方保护严重，严重影响了技术进步对劳动效率的促进作用。

基于上述结论，本书提出如下政策建议。第一，针对劳动要素市场化发展波动型的省份，劳动效率改进政策的重点是加快推进劳动要素市场化改革，如深化户籍制度改革、畅通劳动力和人才社会性流动渠道、完善技术技能评价制度和加大人才引进力度，以实现技术进步对劳动效率提升的促进作用。针对劳动要素市场化发展成熟型的省份，改进政策的重点是通过采取税收优惠政策鼓励高新技术企业发展、建设面向中小科技企业的技术创新基金以及设立风险投资机制等措施促进技术创新，提高劳动要素资源利用的技术水平。至于劳动要素市场化发展滞后型的省份，劳动效率改进政策的重点是政府应减少对劳动要素资源配置的干预，强化市场机制的作用。第二，政府针对技术水平低、劳动效率低的主体（企业或者区域），不应该再通过行政手段分配劳动要素资源，要使落后主体的利润回归合理水平，最终让市场决定落后产能主体的去留。第三，针对区域市场分割的局面，我国应在财政分权、官员晋升激励、地区利益分配等方面进行改革，才可能使得区域市场分割程度降低，直至消失，才能使劳动要素价格能够尽可能反映不同劳动要素禀赋、劳动要素需求、劳动效率差异。第四，劳动效率改进政策不应该局限于劳动要素利用技术，更应该关注市场机制和行政体制的改革，政府应将有限的政策资源用于劳动要素市场化改革，而不是在劳动要素市场化改革尚未推进到位时，盲目倡导技术创新。

第三节 能源要素价格扭曲、技术进步与能源效率

一 导言

自 1992 年以来，中国开始加快推进价格市场化改革，市场逐渐成为配置大多数最终产品的决定性因素。但部分产品和生产要素仍然存在市场与计划双轨并行、市场化改革滞后的情形。截至 2019 年，中央定价目录显示政府定价种类由 13 种减少到 7 种，其中天然气和电力价格仍然由政府确定。能源价格由计划和市场双轨共同确定的局面未改变，政府长期对能源价格管制导致能源要素价格被严重低估，能源要素相对价格扭曲使得微观企业在成本的权衡下，继续大量使用低价能源进行要素替代维持生产。部分学者研究了能源要素价格变动对能源效率影响的差异性，发现能源要素价格变动与能源效率变动呈现负相关关系，能源要素价格扭曲束缚了技术进步和能源效率的提升（何凌云等，2011；林伯强等，2013；王芃等，2014）。部分研究显示政府过度干预使得能源要素价格出现扭曲，要素价格信号机制失灵，能源要素价格的严重扭曲导致大部分经济区"劳动和资本要素"未能对"能源要素"进行有效替代（陶小马等，2009；袁鹏等，2014；Pang et al.，2017）。

技术改进提高能源效率是企业基于成本权衡的博弈行为，在技术创新成本高昂与能源要素价格持续较低的背景下，企业提高能源效率的内部动力必然不足。针对技术进步影响能源效率的研究普遍存在两种观点。第一，技术进步能够提升能源效率（胡东兰等，2019）。第二，技术进步具有"回弹效应"，技术进步对能源效率可能存在非线性效应。技术进步在提高能源效率的同时也会提高生产效率，产能扩大引致对能源的需求增加。回弹效应的存在导致技术进步对能源效率的影响无法正确估计（Saunders，2008；Wang 等，2018；Figus 等，2020）。由于某些

因素的作用，在一定阶段内，技术进步对能源效率提升作用不显著，甚至会产生负向作用，这种交互效应的存在说明仅仅关注技术进步与能源效率的正向关系存在片面性。

本书的创新之处是深入分析了能源市场化程度与技术进步的交互作用对能源效率的影响机制，在一定程度上拓展了回弹效应的作用机制。本书通过模拟方法，识别中国不同经济区能源市场化要到什么程度，技术进步才能对能源效率产生显著影响。生产要素的市场化（降低要素价格的扭曲程度）已经由中国经济增长的次要矛盾转变为主要矛盾，在竞争性分配资源的市场制度中，市场主体对效率的不懈追求才能推动技术进步，要素市场的高效率是技术进步的微观基础。分析能源市场化程度与技术进步交互作用下的能源效率变动，对中国制定正确合理的改革措施非常关键。但据本书所知，针对此领域的研究较少。

下文结构安排如下：第二部分重点阐明能源市场化机制下，技术进步影响能源效率的传导机制，并对实证模型进行设定；第三部分是变量选择与数据处理；第四部分是结果与讨论；第五部分是能源要素效率提升的政策选择。

二　传导机制与模型设定

（一）技术进步影响能源效率的传导机制

理论上，技术进步会促进能源效率提高，但单纯地理解这种简单的关系没有意义。从经济学的视角来看，技术进步需要通过市场机制的传导才能最终作用于能源效率。正是这种中间传导机制，导致技术进步对能源效率的影响方向可能是正向，也可能是负向。技术进步的回弹效应造成宏观层面总需求的增加，进而增加了能源的总需求。能源总需求的增加，需要市场机制的配置，使能源资源在不同主体之间流动。本书假定整个宏观经济存在高技术高能效、低技术低能效两类主体。高技术高能效是技术进步的主体，能源要素规模报酬递增或者不变，低技术低能效主体能源要素规模报酬则递减。如果市场有效，能源要素价格不存在扭曲，能源要素的配置将从低技术低能效主体流向高技术高能效主体，能源效率在边际上表现为提升。如果市场无效，存在能源要素价格扭曲，能源要素的配置可能从高技术高能效主体流向低技术低能效主体，能源效率在边际上表现为下降。

基于以上微观框架，技术进步对全局能源效率的宏观表现为技术进步对能源效率作用方向在整个经济的不同时期以及同一时期的不同区域均存在差异性。这种差异性的主要原因就是能源要素价格扭曲程度的差异性。时间维度的差异在于中国整体市场化改革的不断推进，总体市场化程度在不同时期差异明显；空间维度的差异在于中国各地区发展阶段的差异，而这种差异则是中国梯度发展模式所致。在时间维度的差异和空间维度的差异相互作用下，各区域技术进步对能源效率总体效应存在显著差别，这种差异是中国渐进式改革的客观结果。能源要素价格市场化改革初期，能源配置主要受行政力量指使，能源要素价格被低估，在整个经济体中，市场无效下的能源效率传导机制占据上风，技术进步对能源效率的宏观作用要么无济于事，要么适得其反。而随着改革进程的不断深入以及地区市场分割的逐渐消除，能源要素价格扭曲的中间作用将被清除，在整个经济体中，以市场有效下的能源效率传导机制为主，技术进步对能源效率的作用才可能体现应有的正向作用。

（二）模型设定

为了验证技术进步对能源效率的非线性效用关系，常规做法是引入交互项进行分析。但交互项回归存在系数形式需要外生给定、系数不稳定等问题。为弥补上述不足，本书采用 Hansen（1999）提出的非动态面板门限回归模型（Threshold Panel Regressive Model）进行分析，将构造的能源要素价格扭曲系数作为门限变量，考察技术进步与能源效率的关系是否发生了结构突变。与传统的线性回归相比，门限面板模型具有以下优点。首先，它通过内生的方式，从样本估计中分离出以门限变量为基础的多个样本，并分别估计出各样本中自变量与因变量之间的关系。其次，从模型估计结果可以观察出在样本期间内，自变量与因变量之间的关系是否发生了结构性突变，这为准确识别变量间的关系提供了一种新思路。具体而言，通过非动态面板门限回归方法，可以发现技术进步对能源效率的作用方向取决于能源要素价格扭曲所处的波动区间，从而通过内生的方式，考察能源要素价格扭曲对能源效率的间接作用和技术进步的非线性影响，并可以寻找技术进步产生"回弹效应"的时间区间。考虑两区制门限面板回归模型：

$$Y_{it} = \alpha_{it} + \beta_1 X_{1it} + (\beta_2 X_{2it})I(tv \leq \gamma) + (\beta_3 X_{2it})I(tv > \gamma) + \varepsilon_{it}$$

公式（3-7）

在公式（3-7）中，Y_{it} 为被解释变量，X_{1it} 为不受门限效应影响的解释变量，X_{2it} 为受门限效应影响的解释变量。$I(\cdot)$ 为指示变量，若括号内表达式成立则取值为1，否则取值为0。tv 为门限变量，γ 为门限值，作为分区制的标准。门限回归模型的关键在于如何估计门限值，在得到门限估计值以后，还需要检验门限效应的显著性。本书将技术进步设定为可变系数变量，模型中其他变量为控制变量，具体包括人均GDP、人均GDP的平方、外商直接投资、产业结构和能源资源禀赋。根据门限回归模型特征，本书设定模型如下：

$$EE_{it} = \alpha_0 + \alpha_1 PGDP_{it} + \alpha_2 PGDP_{it}^2 + \alpha_3 EXD_{it} + \alpha_4 FDI_{it} + \alpha_5 INDS_{it} + \alpha_6 ERE_{it} +$$
$$(\alpha_{61} ETFP_{it})I(Dis_{it} \leq \gamma) + (\alpha_{62} ETFP_{it})I(Dis_{it} > \gamma) + \varepsilon_{it} \quad 公式（3-8）$$

在公式（3-8）中，$PGDP_{it}$ 表示人均GDP，EXD_{it} 表示出口依存度，FDI_{it} 表示外商直接投资，$INDS_{it}$ 表示产业结构，ERE_{it} 表示能源资源禀赋，$ETFP_{it}$ 表示技术进步，Dis_{it} 表示能源要素价格扭曲。

三 变量选择与数据处理

(一) 变量选择

1. 被解释变量

能源效率的测度包含"单要素和全要素"两种分析框架。单要素能源效率重在测度能源投入的有效利用程度,为实际 GDP 与能源消耗量之比,但指标的测度范围局限于能源与正产出之间的一对一生产关系,且在衡量能源要素投入与产出关系时,单要素能源效率指标会忽略资本、劳动等其他投入要素的影响与贡献,导致估计出现偏差。全要素能源生产率则从能源要素投入生产角度衡量有效产出的能力 (Hu et al., 2006),全要素能源生产率指标既考虑了不同要素间存在的替代与互补效应,也兼顾了"帕累托最优"的效率内涵。尽管全要素能源生产率能够更准确地反映能源效率,但为了避免与生态全要素生产率指标 (技术进步) 产生内生性,本书采用单要素能源效率指标。全要素能源生产率则作为单要素能源效率的替代指标,在稳健性检验中测试估计结果的稳健性。

2. 解释变量

(1) 技术进步

本书采用生态全要素生产率反映技术进步。本书采用相加结构的 Luenberger 生产率指数构建全要素生产率框架与分项生产要素的全要素生产率指标模型,更能准确刻画总体绩效与分项生产要素绩效之间的内在逻辑关系 (Chang and Hu, 2012)。传统 DEA 模型得出的效率值最大为 1,结果中会出现多个相同值的 DMU,这不利于对效率水平的进一步区分。为此,本书引入超效率 DEA 模型解决上述问题,构建包含非合意产出、基于投入导向的超效率方向性距离函数。参照 Chambers 等 (1996) 的分解思路,生态全要素生产率可以分解为生态全要素效率变动和生态全要素技术变动,生态全要素效率变动和生态全要素技术变动在稳健性检验中作为技术进步的替代指标测试结果的稳健性。

（2）能源价格扭曲指数测度

本书借鉴王芃和武英涛（2014）运用边际法则确定研究对象间市场相对扭曲程度的方法构建省域能源市场相对扭曲系数，如公式（3 - 9）所示：

$$\gamma_{Eit} = \frac{Y_{it}}{E_{it}} \times \frac{E_a}{Y_a} \times \frac{P_{ka}}{P_{kit}} \qquad 公式（3 - 9）$$

在公式（3 - 9）中，a 是基准省份，本书选取 2017 年市场化指数最高的上海、浙江和福建三个地区作为参照分别计算能源要素价格扭曲程度，最后取基于上述三个区域的能源要素价格扭曲平均值反映各省份能源要素价格扭曲程度，这样有助于保证结果的稳健性。Y_{it} 代表第 i 省份第 t 年实际总产出，E_{it} 代表第 i 省份第 t 年份能源消耗总量。E_a 和 Y_a 分别代表基准省份 2017 年能源消耗量和实际总产出。P_{ka} 和 P_{kit} 分别表示基准省份 2017 年能源要素价格和各省份各年份的能源要素价格。根据公式（3 - 9），若 γ_{Eit} 大于 1，第 i 省份第 t 年的相对能源要素价格则超过基准省份，表现为能源要素价格的正扭曲，反之则为能源要素价格负扭曲。考虑到能源要素价格市场化的进程是能源要素价格去政府干预的过程，因此，在本书中，所有的能源要素价格扭曲结果均小于 1，或者说，相对于基准省份均表现为负扭曲。为方便解释，本书取其倒数反映能源要素价格扭曲程度，指标越大，意味着某一省份相对市场化程度最高的基准省份 2017 年价格越远，能源要素价格市场扭曲程度越大。

（3）控制变量

模型的控制变量包括人均 GDP、人均 GDP 平方项、外商直接投资、产业结构、能源资源禀赋。引入人均 GDP 平方的目的在于考察人均 GDP 与能源效率之间是否存在倒 U 形关系。FDI 在改革开放初期极大地推动了中国的技术进步和管理现代化，但出于经济发展的需要，各地乃至中央政府在这一时期并没有对外部投资做出过多环保和节能规制，引进的投资对中国能源效率具有比较大的影响。产业结构同样被大量研究证实与能源效率具有高度的相关性，第二产业更多的是能源密集型的工业部门，相对于其他产业具有更低的能源效率，产业由第二产业向第三产业的升级转型可以显著提高能源效率。本书选择第二产业增加值占第三产业增加值的比重作为产业结构的控制变量。能源资源禀赋是地区当年能源生产量与全国当年能源生产量之比。

（二）数据来源与处理

本书基于数据的可得性选择 29 个省份作为决策主体（四川与重庆合并，西藏由于数据大量缺失而剔除）。本书选择 1999～2017 年为样本观测期，原因有两个方面。第一，1998 年发生了东南亚金融危机，中国经济受到严重冲击，新一轮改革也在危机中启动，1998 年是中国经济发展的重要节点。第二，新中国成立以来，中国区域发展战略经历了三个时期：1949～1978 年以公平优先为发展导向，推动内陆地区均衡发展；1979～1998 年以效率优先为发展导向，扶持沿海地区率先发展；1999 年至今，兼顾公平与效率，鼓励各地区协调发展，1999 年至今具有较为明显的历史阶段性特征。地区生产总值、就业人口数据、外商直接投资、第二产业和第三产业数据均源于历年《中国统计年鉴》，污染排放数据来自《中国环境统计年鉴》，能源消耗数据来自《中国能源统计年鉴》，固定资本存量数据借鉴单豪杰（2008），采用永续盘存法对中国各省份资本存量进行估计得到。本书选择总产出平减指数将历年名义 GDP 转为以 1999 年为基期的实际 GDP。

四 结果与讨论

（一）能源效率区域分布

从区域维度看，中国各经济区能源效率在 1999～2017 年普遍表现为持续升高，而南部沿海的能源效率则呈现"下降－上升"的变动趋势（见图 3 - 19 至图 3 - 26）。对能源效率在观测期间内的增长率按降序排列依次为：东北、长江中游、东部沿海、西南、北部沿海、黄河中游、西北、南部沿海。中国各省份在经济发展水平、自然资源以及人口素质等多方面存在差异，经济区域内部各省份的能源效率也存在较大差异。

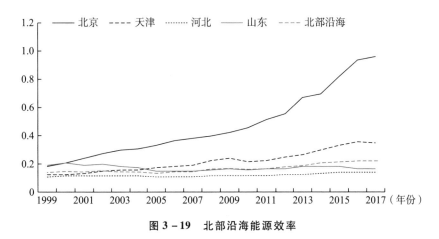

图 3 - 19　北部沿海能源效率

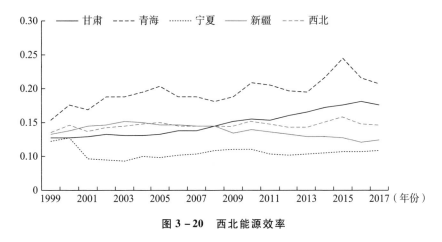

图 3 - 20　西北能源效率

第一，中国沿海和长江中游地区的能源效率相对较高。北部沿海的北京和天津的能源效率显著超过河北和山东，观测期间内北京、天津、河北、山东能源效率提升幅度分别为 426.22% 、170.42% 、26.30% 、- 9.80% 。北京是中国经济、政治和文化中心，属于经济发达地区，虽

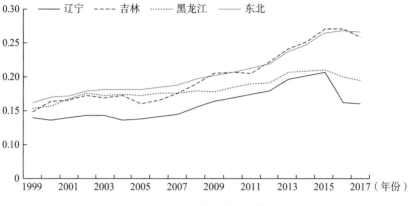

图 3 - 21 东北能源效率

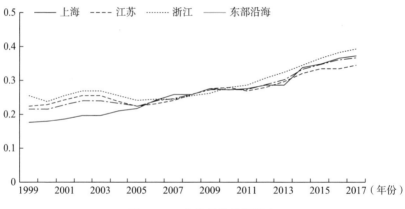

图 3 - 22 东部沿海能源效率

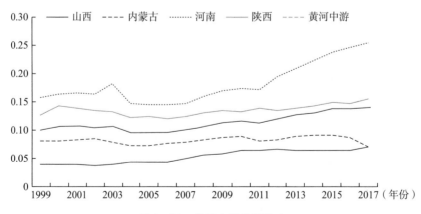

图 3 - 23 黄河中游能源效率

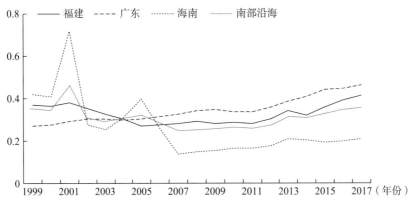

图 3-24 南部沿海能源效率

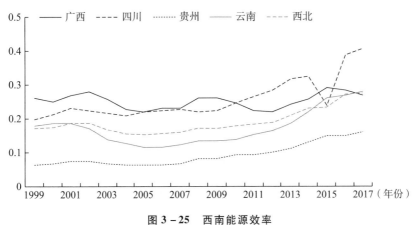

图 3-25 西南能源效率

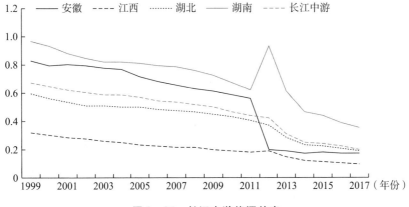

图 3-26 长江中游能源效率

然能源消耗总量占北部沿海能源消耗总量的比重较高，但由于技术及设备先进，资本充足率较高，劳动力素质、受教育水平明显高于其他地区，在相同能源消耗的投入下，北京的 GDP 产值要比其他地区高很多。与此同时，天津和河北虽然不是经济技术发达地区，但毗邻北京，在溢出效应作用下，能源效率也得到较大改善，山东距北京较远，受空间溢出效应影响较小，能源效率不升反降。东部沿海和南部沿海各省份的能源效率普遍超过其他地区，东部沿海的上海能源效率提升幅度显著超过江苏和浙江。南部沿海的广东能源效率提升幅度超过福建和海南，海南能源效率不升反降。上海、江苏、浙江、广东和福建的经济属于外向型发展模式，这些省份通过加深国际市场参与度推动本地自主技术创新，进而提升能源利用率。长江中游地区各省份能源效率均呈下降趋势，湖北能源效率提升幅度显著超过其他省份。

第二，中国西部、东北和黄河中游地区的能源效率普遍较低。西南地区的四川能源效率显著超过其他地区，西北各省份能源效率普遍较低，其中甘肃和青海的能源效率不升反降。四川常规能源资源以水能、天然气为主，煤炭和石油资源匮乏，水能的利用效率要高于化石能源的直接利用效率，西部其他各省份则不具备这种资源优势。吉林能源效率提升幅度显著超过辽宁和黑龙江，吉林、辽宁和黑龙江提升幅度分别为113.03%、23.69%、40.96%。东北作为中国的老工业基地，传统工业体系升级缓慢，技术、设备和管理经验并未显著提升，资源配置效率存在下降的趋势。黄河中游各省份经济增长过度依赖于自然资源，普遍存在资源诅咒效应，引入和开发技术改善能源效率的动力明显不足。

（二）回归分析

结合 Hansen 提出的算法，本书对门限效应依次进行检验。在门限检验时，设定 300 次迭代，依次搜寻 841 个样本点。表 3－7 展示了模型 1 至模型 6 的门限检验结果，模型 2 至模型 6 是对模型 1 门限检验结

表 3 - 7　面板门限检验结果

检验类型	统计量	模型 1	模型 2	模型 3	模型 4	模型 5	模型 6
单门槛检验	γ	0.270	0.270	0.250	0.280	32.000	0.040
	95% 置信区间	[0.26, 0.27]	[0.26, 0.27]	[0.24, 0.25]	[0.27, 0.28]	[22, 42]	[0.04, 0.26]
	F 值	237.231	233.675	237.231	237.231	12.015	9.564
	P 值	0.000	0.000	0.000	0.000	0.100	0.067
双门槛检验	γ_1	0.110	0.120	0.110	0.120	45.000	0.250
	95% 置信区间	[0.11, 0.14]	[0.12, 0.14]	[0.10, 0.13]	[0.12, 0.14]	[3, 45]	[0.09, 0.25]
	γ_2	0.260	0.260	0.240	0.270	41.000	0.040
	95% 置信区间	[0.25, 0.26]	[0.26, 0.27]	[0.23, 0.24]	[0.26, 0.27]	[27, 41]	[0.04, 0.12]
	F 值	25.213	-1.449	27.043	28.833	1.594	8.295
	P 值	0.000	0.000	0.000	0.000	0.033	0.233
三重门槛检验	γ	0.100	0.140	0.130	0.140	27.000	
	95% 置信区间	[0.04, 0.16]	[0.03, 0.22]	[0.03, 0.20]	[0.03, 0.24]	[2, 36.5]	
	F 值	8.732	6.512	4.587	6.791	7.096	
	P 值	0.127	0.157	0.307	0.140	0.170	
	迭代次数	300	300	300	300	300	300
	搜寻点数	300	300	300	300	300	300
	年份	19	19	19	19	19	19
	截面	29	29	29	29	29	29
	样本数	841	841	841	841	841	841

注：γ 为门槛值。

果的稳健性检验。具体而言，模型2至模型4的门限变量分别为基于上海、浙江和福建计算的能源要素价格扭曲度，用来判断分析结果是否对基准参照省份的选择稳健；模型5的门限变量为根据 Parsley 和 Wei（2001）方法计算的中国市场分割指数，本书将商品和生产要素（资本、劳动、能源）同时纳入市场分割指数之中，不局限于能源资源，更大范围考察市场扭曲造成的影响；模型6采用生态全要素能源生产率替代单要素能源效率。

由表3-7可知，模型1至模型4单门限和双门限检验的P值均为0.000，这意味着在10%的显著性水平上拒绝只有一个门限和两个门限的检验。模型1至模型4三重门限检验的P值分别为0.127、0.157、0.307和0.140，这意味着模型拒绝有更多门限值的可能，检验结果接受三重门限的原假设，即模型1至模型4在10%显著性水平上存在三重门限（四区制）特征。模型5的门限结果与模型1至模型4基本一致，尽管模型6的门限结果接受双门限的原假设，但考虑到多数模型检验结果均接受三重门限，本书将选择三重门限结果作为分析的基础。在门限检验的基础上，基于门限估计值对面板数据分区并进行估计（Hansen，1999）。将模型分成四区制时，技术进步对能源效率的系数符号均为（＋，＋，＋，＋），鉴于二、三、四区制系数均为正，区别仅在于三、四区制的系数存在差别。因此，本书为便于分析，将模型1至模型6简化为（＋，＋）的双区制，在表3-8中仅展示单门限的回归结果[①]。由表3-8可知，对于不变系数变量，模型1至模型6技术进步对能源效率影响的方向均相同，表明基础模型1的检验结果具有较高的稳健性特征。本书对模型1的检验结果有如下结论。

第一，对本书的控制变量检验结果进行说明。从人均 GDP 及其平方项的回归结果可以看出，$AGDP$ 的系数为0.0208，且在5%的水平上显著，$AGDP^2$ 系数为0.0316，在1%的水平上显著。这表明在本书的样

[①] 若读者需要，可以向笔者索要完整的回归结果。

表 3 - 8　门限回归分区制参数估计结果

	模型 1	模型 2	模型 3	模型 4	模型 5	模型 6
$ETFP$ ($Dis<\gamma$)	0.00089***	0.00124***	0.00143***	0.000265*	0.000751***	0.644***
	(5.53)	(7.66)	(7.80)	(1.88)	(2.93)	(11.77)
$ETFP$ ($Dis>\gamma$)	0.00129***	0.00139***	0.000877***	0.000177	0.000783***	0.369***
	(8.80)	(7.53)	(4.18)	(1.11)	(3.53)	(9.30)
$PGDP$	0.0208**	-0.0119	0.124***	-0.000209	-0.00121	17.59***
	(2.15)	(-1.10)	(10.09)	(-0.02)	(-0.08)	(6.60)
$PGDP^2$	0.0316***	0.0535***	-0.00195	0.0459***	0.0284***	-8.354***
	(8.82)	(13.23)	(-0.43)	(13.03)	(5.27)	(-8.29)
EXD	0.0748***	0.0393	-0.00640	-0.00913	-0.111***	0.261
	(3.09)	(1.42)	(-0.21)	(-0.38)	(-2.97)	(0.04)
$INDS$	-0.0284***	-0.0327***	-0.0317***	-0.0381***	-0.0108	-1.910
	(-3.89)	(-3.95)	(-3.39)	(-5.30)	(-0.95)	(-0.96)
FDI	-0.000148	0.00191	0.00213	0.000921	-0.00601*	-0.142
	(-0.07)	(0.76)	(0.74)	(0.42)	(-1.75)	(-0.23)
ERE	-0.355**	0.315*	0.460**	-0.270*	-1.300***	-332.1***
	(-2.44)	(1.90)	(2.45)	(-1.88)	(-5.79)	(-7.82)
$cons$	0.115***	0.103***	0.0423***	0.172***	0.205***	32.81***
	(9.23)	(7.26)	(2.64)	(13.99)	(11.26)	(9.44)
N	551	551	551	551	551	522
R^2	0.767	0.755	0.706	0.806	0.383	0.365

注：①括号中为 t 统计量；②***、** 和 * 分别为 1%、5% 和 10% 显著性水平。

本中，人均 GDP 与能源呈现显著的倒 U 形关系。出口依赖度系数在 1% 水平上显著为正，出口依赖程度的提高对能源效率提升发挥积极作用，关键原因在于中国出口产品结构已由低技术、资源型产品主导向中高技术产品为主导转变。需要注意的是高技术产品出口份额的显著提高并不意味着高技术产业已经处于国际领先水平，中国高技术产品出口主要以进料或来料加工①贸易为主，产品加工过程短暂，技术含量较低，更多的是具有劳动密集型产业特点的高技术产品装配环节，尽管在事实上提高了能源效率，但这种贸易形式所致的能源效率提升具有极强的欺骗性。

产业结构变量系数在 1% 的水平上显著为负，这表明中国第二产业产出比重的提高不利于能源效率的提升，降低第二产业产出比重、提升第三产业产出比重固然可以实现能源效率的提升，但这是以牺牲第二产业的发展为代价的，在制造业全面回归的全球趋势下，第二产业自身的技术改造和产业升级更为重要。外商直接投资系数为负，但在 10% 水平上并不显著，这说明外商直接投资的准入门槛虽然有所提高，但仍然不能对提升中国能源效发挥正效应。中国改革开放之初，经济增长对外部资金的需求强烈，对引入项目的环境标准要求较低，国外发达国家也由于其高额的污染成本，有动力将其高污染、高耗能、劳动密集型产业通过 FDI 的方式转移至中国，中国逐渐沦为外商直接投资的"环保洼地"，或者说污染避难所。进入 21 世纪，中国对经济增长高质量的要求导致对外商直接投资的准入门槛越来越高，由过去招商引资的"来者不拒"转变为"招商选资"。能源资源禀赋在 5% 的水平上显著为负，这表明，能源资源禀赋越高，能源效率越低。根据"资源诅咒"原理，这些能源资源禀赋较高的地区往往专注于眼前的红利而忽略了区域产业

---

① 来料加工是指进口料件由境外企业提供、经营企业不需要付汇进口，按照境外企业的要求进行加工或者装配，只收取加工费，制成品由境外企业销售的经营活动。进料加工，是指进口料件由经营企业付汇进口，制成品由经营企业外销出口的经营活动。

结构的升级改造。

第二，技术进步随能源要素价格扭曲的波动而呈现不同的作用。当能源要素价格扭曲度 $Dis < \gamma$（0.27）时，技术进步 $ETFP$ 的系数为 0.00089，在 1% 水平上显著为正；当能源要素价格扭曲度 $Dis > \gamma$（0.27）时，技术进步 $ETFP$ 的系数为 0.00129，在 1% 水平上显著为正。能源要素价格扭曲度较高时技术进步对能源效率的改进作用明显弱于能源要素价格扭曲度较低时。

具体而言，在能源要素价格扭曲度 $Dis < \gamma$（0.27）时，能源要素的配置无法通过市场机制优化组合，此时决定能源效率的主要因素，并不是技术的进步，而是能源要素价格扭曲度，需要进行能源市场化改革，市场无效导致能源要素无法向"高技术高能效"主体流动，这阻碍了技术进步对能源效率的改进。虽然技术进步有提高能源效率的趋势，但是技术进步也增加了能源需求，由于能源要素价格扭曲而享受低价能源的地区会更加盲目超量使用能源。而当能源价格扭曲度 $Dis > \gamma$（0.27）时，技术进步对能源效率的正向作用凸显。能源通过市场的有效配置，可以向高技术高能效的企业或地区流动。只有通过不断的技术创新才可以获得超额利润，并且技术先进的地区可以通过有效的市场机制，得到更多原本有可能被行政划拨给低技术低能效主体的能源（陶小马等，2009）。如果某些地区的能源市场化程度处于这个区间，增加技术投入的政策会显著提高该地区的能源效率。表 3-8 中模型 2 至模型 4 分别对门限变量（能源价格扭曲）的选取进行了稳健性检验，可以看出无论是因变量还是门限变量的估计值和符号都与模型 1 近似。模型 5 构建了更大范围的要素市场扭曲，结果显示技术进步变量的符号与模型 1 相同，只是系数大小存在差异。模型 6 对因变量（单要素能源效率）的选取进行稳健性测试，结果也只是系数大小存在差异。

为进一步识别各区域技术进步与能源效率的作用类型，本书根据三重门限检验的门限值（模型 1）对能源要素价格扭曲进行分类，将中国

29 个省份划分为 3 种类型，以此明确各省份的政策取向。

第一，能源市场发展成熟型。该类型的省份能源市场扭曲度明显要高于门限值，能源市场化改革较为深入，主要集中于北部沿海、南部沿海和东部沿海，包括北京、广东、福建、海南、浙江、江苏、四川、广西、湖南、上海。这些省份改革开放早，能源市场化改革程度明显领先于其他省份，这为新技术的应用创造了有利条件。

第二，能源市场发展波动型。该类型的省份能源要素价格扭曲围绕门限值上下波动，但总体上能源市场化程度仍处于较低水平。该类型主要集中在长江中游和北部沿海，包括湖北、江西、安徽、云南、山东、天津。能源市场扭曲的波动源于政府与市场力量的博弈，从新经济地理学的角度来看，该类省份距离市场化程度较高的沿海地区较近，会受到周边市场化改革空间溢出效应的影响。但该类型省份的发展还比较落后，政府介入经济发展，依靠地方保护低估能源价格而保持地区竞争力。对于此类型地区，能源效率、经济发展的权衡取舍是政策制定者面临的重要任务。

第三，能源市场发展滞后型。该类型的省份能源要素价格扭曲度波动分布明显低于门限值以上，能源市场化改革较为落后。该类型省份主要集中在西北、东北和黄河中游，这些地区能源丰裕，包括河北、甘肃、青海、宁夏、新疆、辽宁、吉林、黑龙江、山西、内蒙古、河南、陕西、贵州。这类省份的发展落后于沿海地区。该类型省份地方政府有理由采取价格补贴和交叉补贴、降低资源税、人为压低能源价格等方式保持地方竞争力。这种地方保护主义导致的市场分割扭曲了资源配置，造成了产业结构趋同，致使地区间相互牵制难以实现规模经济，从而造成能源效率损失。对于该类型省份，当务之急是打破这种分割的局面，建立一个统一调度的能源大市场，实现能源向高能效地区集聚。

五 能源要素效率提升的政策选择

本书利用中国 29 个省份 1999～2017 年的面板数据，采用 MES 替代弹性方法计算能源、劳动和资本三要素之间是否存在替代弹性或者互补效应，采用非动态面板门限回归方法考察在能源要素价格扭曲影响下技术进步对能源效率产生的非线性效应，并且得到如下基本结论。

第一，中国各经济区能源效率普遍持续升高，沿海和长江中游地区的能源效率明显高于西部、东北和黄河中游。第二，中国各经济区的劳动和资本对能源普遍存在 MES 互补效应，与此同时，能源对劳动和资本普遍存在 MES 替代效应。能源价格的严重扭曲导致大部分地区"劳动和资本"未能对"能源"进行有效替代，未能提高能源效率；能源要素价格扭曲程度高于资本要素价格扭曲程度，使生产者倾向用能源替代资本，从而使能源需求总量上升，能源效率下降。第三，中国各经济区仅仅依靠技术进步不可能显著提高能源效率，还需同步推动中国的能源市场化改革。能源要素价格扭曲与技术进步存在交互作用，能源要素价格扭曲通过阻碍能源要素在区域间的配置效率，阻碍了技术进步对能源效率的促进效应。第四，根据能源要素价格扭曲度将中国各省份划分为区域能源市场化发展滞后型、区域能源市场化发展波动型和区域能源市场化发展成熟型，中国多数省份能源市场发展滞后，能源市场化改革相对滞后，地方保护严重，严重影响了技术进步对能源效率的促进作用。

基于上述结论，本书提出如下政策建议。第一，针对能源市场化发展波动型的省份，能源效率改进政策的重点是增加对能耗与环境污染指标的关注，加快推进能源市场化改革，以实现技术进步对能源效率提升的促进作用。针对能源市场化发展成熟型的省份，能源效率改进政策的重点是促进技术创新，加大研发经费投入，提高能源资源利用的技术水平。至于能源市场化发展滞后型的省份，能源效率改进政策的重点是政府应减少对能源资源配置的干预，强化市场机制的作用。第二，政府针对技术水平低、能源效率低的主体（企业或者区域），不应该再通过行政手段分配能源资源，要使落后主体的利润回归合理水平，最终让市场决定落后产能主体的去留。第三，区域市场分割的局面要扭转，使能源价格能够尽可能反映不同能源禀赋、能源需求、能源效率的差异。这样能源要素在各区域间才能自由流动、有效配置。第四，能源效率改进政策不应该局限于能源利用技术，更应该关注市场机制和行政体制的改革，政府应将有限的政策资源用于能源市场化改革，而不是在能源市场化改革尚未推进到位时，盲目倡导技术创新。

第四章　区域市场分割下的微观企业绩效

中国地区间的市场分割是经济发展过程中的一大顽疾，不断侵蚀着潜在的分工合作和市场整合收益。这一现象使人不禁发问，这种明显违背经济规律的现象为什么在过去几十年里可以持续存在？市场分割导致中国各区域的内部竞争和重复建设，阻碍了国内地区市场专业化水平的提高和规模经济效应的扩大，使国内区域市场的生产偏离了比较优势模式。历史经验表明，国家层面上违背自身比较优势的发展中国家的经济往往表现不佳，而企业发展同样如此。既然市场分割存在各种弊端，为什么市场分割依然存在呢？相当多的学者对这一问题给予了回答，他们认为，市场分割带来的寻租机会以及个人政绩的需要，促使地方政府和官员对地方企业实施了不必要的保护。无一例外，这些研究将市场分割的源头指向其为地方经济和政府官员带来的利益。随着政府更加注重经济增长质量和优化经济结构，当政府绩效考评不再一味以生产总值论英雄时，从地方政府角度来看市场分割是不是一种短视行为？地方政府的"用心良苦"会促使本地企业绩效提升，从而获得长期竞争优势，还是会导致区域内企业不思进取从而丧失未来发展潜力呢？厘清两者之间的关系对于重新审视中国各区域间市场分割的作用与影响无疑有着重要的意义。目前国内外有关国内市场分割的直接研究大体可以划分为三个方向：一是国内市场是否存在市场分割，这些研究采用不同的方法对中国国内市场是否存在市场分割以及多大程度存在市场分割进行了测算；二是国内市场分割动因研究；三是国内市场分割对经济发展的影响研究。

第一节　市场分割作用企业绩效的理论机制

关于国内是否存在市场分割的问题，学者们通过测算国内市场分割的程度对这一问题给予了回答。尽管文献因为算法、数据的不同得出的结论有所差异，在市场分割的走向上也存在争论，但这些文献普遍认为中国的市场分割在时间和空间上表现出两个典型的特征。第一，从时间维度来看，越来越多的证据表明，虽然地方保护与市场分割依然严重，但随着改革开放的推进，中国的市场一体化程度和地区专业化程度是在不断提高的。第二，从空间维度来看，中国各个地区的市场分割程度具有显著的差异。根据樊纲、王小鲁、朱桓鹏（2010）编制的市场化指数可以发现，越是落后的地区其市场分割程度越大、地方保护力度越大，而越是发达的地区，其市场分割程度就越不明显。

在对国内市场分割缘起与动因的分析中，人们往往认为市场分割是财政分权引发的，财政分权体制强化了地方政府的财政和经济激励，各地为保护本地资源、市场和税基而各自为战（银温泉、才婉茹，2001），形成了"诸侯经济"和"零碎分割的区域市场"（沈立人、戴园晨，1990；Young，2000）。在分权式竞争中，垂直化行政管理架构和资源流动性的限制使得地方政府倾向于采取保护性策略和掠夺型策略。但是，正如林毅夫和刘培林（2004）所指出的，财政分权并不必然导致市场分割，从事实观察来看，同样存在高度分权但市场也高度整合的反例，因此，本书重要的是探究在什么样的历史条件下，财政分权导致了地方保护和市场分割。财政分权假说更多关注了经济激励方面的内容，在中国的政治治理结构中，官员晋升是否也构成了官员的重要收益并影响了市场分割程度呢？周黎安（2004）利用一个地方官员的晋升锦标赛模型分析表明，锦标赛竞争使地方官员之间的合作空间非常狭小，而竞争空间非常巨大，从而加剧了市场分割。刘瑞明进一步认为，在晋升激励体制下，风险规避的地方政府官员会采取经济模仿发展战略，这导致产业同构的形成并引发了地方保护和市场分割。

在国内市场分割对地方经济影响的研究中，现有文献普遍从产业结构、技术效率等宏观层面加以比较和分析。Young（2000）发现市场分割导致地方产业结构呈现趋同特征，地区产品生产远离了比较优势的发展模式。与 Young（2000）相一致，Bai 等（2004）基于中国 1985~1997 年省级层面数据的研究，发现相对于规模经济与外部经济，地方保护对地区专业化程度的影响更为显著，地方保护导致的市场分割不利于区域专业化程度的提高。部分学者发现市场分割在短期阻碍了地方经济的增长，长期内则对地方经济的增长具有显著的促进作用。然而，陆铭和陈钊（2009）发现适当情形下提高市场分割程度能显著促进地方经济增长，且开放程度越高，市场分割对经济的促进作用越强劲。与地方保护的宏观影响研究相比，学者们对地方保护下微观组织的绩效研究很少，且有待于实证检验。部分学者从企业出口市场选择的角度分析了国内市场分割对于企业出口的影响，发现国内市场分割导致国内企业放弃国内市场转而进行出口。部分学者发现国有比重越高的地区市场分割程度越高，市场分割起到了对国有企业进行隐形补贴的作用。通过上述市场分割对经济影响的研究发现，市场分割对地方经济发展的影响利与弊共存。

基于国内市场分割三个研究方向的文献脉络可以发现，现有文献中涉及市场分割对本地企业绩效影响的研究依然较为欠缺。从微观层面来看，有关地方保护政策对微观组织行为和绩效影响的研究仍很缺乏。事实上，制度规则通过作用于微观组织行为形成传导机制，微观组织的行为和绩效表现往往是检验和判断制度规则的重要标准，并最终影响宏观经济绩效。尤其是现阶段处于制度转型时期的中国，将外部制度规则纳入对企业行为及其经济绩效的研究框架中具有重要意义。尽管为本地区企业的发展提供"保驾护航"功能是地方保护主义政策推行的重要缘由，然而，目前并没有经验证据表明受到"保护"的企业能够切实获取经济利益并获得较高的经营业绩。本书认为，地方保护严重影响了该地区企业的成本收益函数，进而导致地方保护程度不同的地区，微观组织经济效率存在很大差异。尽管地方保护与市场分割名义上保护了该地区企业，使其能够获得由"保护"带来的销售垄断，但更多的是体现在产品市场中的收益（如阻止外地厂商进入、对外地企业设置各种制度性障碍等）；与之相反的是，"保护"主义政策还形成了要素市场分割，阻断了要素自由流动，从而使本地企业反而承担了较高的生产要素成本，具体表现为较高的原材料价格、较低的劳动工资率或过多的劳动冗员等。尤其是近年来，产品市场较要素市场一体化程度发展更快，地方保护主义政策及由此带来的市场分割，事实上很可能损害，而不是保护本地区企业的利益。

第二节　模型设定与变量选择

一　模型设定

任何制度规则、政策的制定都存在某种经济后果，某些时候制度会通过影响微观组织行为促进经济效率；但某些时候经济后果则与制度规则制定的目的背道而驰。地方保护与市场分割名义上是为了保护本地企业和地方经济发展，但事实上是一种明显的短视行为，是以短期业绩指标作为考核行政业绩的必然结果。诚然，地方保护主义通过制定特殊的博弈规则、控制要素与产品流动、构建贸易壁垒等形式保护自身利益，在短期，地方保护对当地企业的正面影响超过负面影响，但随着地方保护程度的增加，地方保护可能导致本地企业，尤其是内部治理机制不完善的本地企业安于现状，缺乏进取精神的可能性逐渐加大，进而阻碍了企业研发、技术引进和创新，地方保护对企业产生的负面影响超过正面影响。以产品购销过程为例，地方保护主义要求就地生产和就地消费，虽然阻止了外部竞争者的入侵，在当地实现了垄断，销售也会由于缺乏竞争而变得有保证。但从长远看，一旦在各地区形成地方保护主义和市场分割状态，企业很难做大、做强，地区间形成制约与反制约的关系，反而不利于企业健康发展。另外，即使企业能够暂时获得销售方面的主动，获取一定的收益，但由于要素市场的分割，企业无法在全国市场范围内自由配置生产要素，生产要素的相对价格显著提升，较为明显的是原材料市场和劳动力市场。产品销售和原材料采购上的限制不仅降低了产品周转率，而且提高了原材料相对价格；而劳动力市场分割则造成劳动力成本的提高及专有劳动资源的缺乏。从要素市场分析看，要素成本的提高很大程度上会抵消由于缺乏其他企业竞争所带来的收益，并最终影响企业经济效率和绩效。基于以上分析，本书提出第 1 个假设：在控制其他因素影响的条件下，地方保护与生产成本呈倒 U 形关系，即较低程度的地方保护有助于企业降低成本，超过一定程度的地方保护则阻碍了本地企业成本的降低。对于假设 1，本书构建如下模型：

$$Cost_{it} = C + \alpha_1 \times MI_{it} + \alpha_2 \times MI_{it}^2 + \sum_j \beta_j \times Control + \beta_i + \mu_{it}$$

公式（4 - 1）

在公式（4 - 1）中，$Cost_{it}$ 为被解释变量，代表企业的生产成本，i 和 t 分别代表第 i 个企业和第 t 年，为了增加检验结论的可靠性，本书对于各类检验的因变量均同时采用了两个不同的指标对其进行度量。对于生产成本 $Cost_{it}$ 的度量，采用了两个指标：绝对主营成本和相对主营成本，分别为主营业务成本自然对数、主营业务成本与销售收入的比例，绝对主营成本用于初始估计，相对主营成本用于稳健性检验。MI_{it} 为区域市场分割指数，$Control$ 是一系列控制变量，β_i 为企业内部不随时间变化的个体效应，μ_{it} 是残差项。

基于以上分析可知，尽管地方保护行为维持了企业产品市场中的份额，保障了其产品的销售，但地方保护与市场分割也会导致企业生产成本的上升。要素成本的提高很大程度上会抵消由于缺乏其他企业竞争所带来的收益，并最终影响企业经济效率和经济绩效。由此，本书提出第

2 个假设：在控制其他因素影响的条件下，地方保护和市场分割越严重的地区，企业成本越高，最终导致企业价值越差、市场价值越低。对于假设 2，涉及地方保护对企业价值影响的检验，企业价值采用总资产收益率和 TobinQ 两个指标，前者用于初始估计，后者用于稳健性检验，本书分别构建如下模型：

$$ROA_{it} = C + \alpha_1 \times MI_{it} + \alpha_2 \times MI_{it}^2 + \sum_j \beta_j \times control + \beta_i + \mu_{it} \qquad 公式（4-2）$$

$$TobinQ_{it} = C + \alpha_1 \times MI_{it} + \alpha_2 \times MI_{it}^2 + \sum_j \beta_j \times Control + \beta_i + \mu_{it}$$

$$公式（4-3）$$

在公式（4-2）和公式（4-3）中，ROA_{it} 和 $TobinQ_{it}$ 为被解释变量，分别代表企业的总资产收益率和企业价值。

二 市场整合指数测度

本书采用 Parsley 和 Wei（2001）方法度量市场整合程度。该方法是以两个地方的相对价格方差变动为考察对象，其理论基础是"由于存在冰川成本，商品在贸易过程中存在一定的损耗，与之类似，地区间的市场分割也会导致贸易损耗，那么两个地区之间的商品价格就不会完全趋于一致，若商品价格方差随时间变化而趋于收窄，则意味着相对价格波动的范围在缩小，冰川成本降低，两地间的贸易壁垒削弱，阻碍市场整合的因素减少，市场整合程度提高，反之，则意味着阻碍市场整合的因素增加，市场整合程度降低。与桂琦寒等（2006）、陆铭和陈钊（2009）仅仅考虑相邻省份作用的情形不同，本书则考虑整个国内市场，这样进行配对可以得到 378 组省份组合，这种处理也更加符合"政治锦标赛"的假设。政治锦标赛是一项相对绩效考核制度，它是通过竞争选拔优胜者并以相对次序决定最终胜负。在中国，同一行政级别的地方政府和官员都处于政治锦标赛中（周黎安，2007），因此，为了获得更大的晋升机会，地方政府和官员不仅与相邻省份的地方政府和官员进行竞争，而且还会与全国其他省份的地方政府和官员进行竞争。市场分割程度测度的具体步骤如下。

第一，计算相对价格绝对值 $|\Delta Q_{i,j,t}^k|$。鉴于本书的原始数据是商品和生产要素价格的环比指数，因此可以采用价格比值的对数一阶差分形式来度量相对价格，具体形式如下：

$$\Delta Q_{i,j,t}^k = \ln\left(\frac{p_{i,t}^k}{p_{j,t}^k}\right) - \ln\left(\frac{p_{i,t-1}^k}{p_{j,t-1}^k}\right) = \ln\left(\frac{p_{i,t-1}^k}{p_{j,t-1}^k}\right) - \ln\left(\frac{p_{j,t}^k}{p_{i,t}^k}\right) \qquad 公式（4-4）$$

第二，由于区域间商品价格的变动可能是商品自身的某些特性导致的，即 $|\Delta Q_{i,j,t}^k|$ 并非全部地区间的市场环境差异所致，其中还可能涉及商品或生产要素异质性引发的不可加效应，可能高估由贸易壁垒所致的实际市场分割指数。为此，本书采用 Parsley 和 Wei（2001）提出的去均值法消除可能的系统偏误。本书假定 $|\Delta Q_{i,j,t}^k| = \alpha^k + \varepsilon_{i,j,t}^k$，其中 α^k 为第 k 类商品或生产要素自身的某些特性所引发的价格变动，$\varepsilon_{i,j,t}^k$ 则与 i 和 j 两区域特殊的市场环境相关。为了消除固定效应 α^k，应对给定年份 t 和给定商品 k 的 $|\Delta Q_t^k|$ 在 435 组省份组合间求平均值 $\overline{|\Delta Q_t^k|}$，再分别用这 435 个 $|\Delta Q_t^k|$ 减去 $\overline{|\Delta Q_t^k|}$，由此得到：

$$|\Delta Q_t^k| - \overline{|\Delta Q_t^k|} = (\alpha^k - \overline{\alpha^k}) + (\varepsilon_{i,j,t}^k - \overline{\varepsilon_{i,j,t}^k}) \qquad 公式（4-5）$$

本书令 $q_{i,j,t}^t = \varepsilon_{i,j,t}^k - \overline{\varepsilon_{i,j,t}^k} = |\Delta Q_t^k| - \overline{|\Delta Q_t^k|}$，此时 $q_{i,j,t}^t$ 仅与地区间市场分割因素和一些随机因素相关，那么 $q_{i,j,t}^t$ 就为最终用以计算相对价格方差的部分，记其方差为 $Var(q_{i,j,t}^t)$，本书最终得到 6960（435×16）个观测值。

第三，在 435 组相对价格方差 $Var(q_{i,j,t}^t)$ 基础上，本书按照省份进行合并，由此取得各省份市场整合指数，并在基础上，进一步构造区域和全国市场整合指数。市场整合指数与市场整合程度呈反向关系，市场整合指数越低，市场整合程度越高，地方保护越弱。

三　控制变量

企业自身特征和地方市场特征等因素也对企业生产率水平构成显著

影响，本书在关注主要解释变量显著性的基础上，结合模型和相关理论在基础回归模型中加入各相关控制变量，来控制它们可能对被解释变量造成的影响。

企业规模：新贸易理论尤为强调规模经济的作用，在中国当前情况下，不同规模的企业不仅自身优化配置资源的能力存在较大差距，而且不同规模的企业其社会信誉和政府支持力度也存在较大差别，所以不同规模企业绩效提升能力存在显著差异。企业规模的划分标准有三种：第一种是按照企业的销售额，第二种是按照企业的资产总量，第三种是按照企业的员工人数。在分析过程中，本书仅列出了以"企业销售额"的对数作为企业规模变量的估计结果。在稳健性检验时本书采用资产总量对数，检验没有改变模型的主要估计结果。

第一大股东持股比例：针对第一大股东持股比例对公司绩效的影响一直存在较大争议。部分学者认为大股东的存在一定程度上有助于公司绩效的提升。相反 Johnson 的研究则显示股权越集中，越不利于企业绩效水平的提高。

企业沉没成本：企业沉没成本构成了企业进入行业内的基本门槛，对企业的进入具有显著的选择效应，而沉没成本的高低对于已进入该行业企业的保护程度大小又存在差异，沉没成本较高的行业内企业绩效提升的动力相对缺乏，沉没成本较低的行业内企业由于竞争强度较高，企业绩效提升的动力则较为强劲，本书采用资本劳动比衡量沉没成本。

企业补贴收入：企业得到的政府补贴是否用于企业绩效提升是一个引人关注的问题，中国当前产业结构存在诸多弊病，部分企业的绩效水平较低，而政府补贴对于企业提升绩效水平给予了一个额外的助力，但是否真的有效，需要通过进一步研究进行验证。本书采用企业政府补贴总额与产品销售收入的比值衡量企业补贴收入。

企业经营年限：企业经营年限对企业管理水平及生产设备状况构成影响，企业经营年限越长，管理经验越丰富，经营状况越趋于稳定，其生产设备和工艺的更新换代也越趋合理。本书采用本年度与企业创立年份之差对其进行衡量。

股权性质：本书重点考察第一大股东股权性质，因为地方保护属于地方政府的行为，因此国有企业相较于非国有企业而言，地方保护对其影响更强。本书假设公司控股股东为非国有性质定义为1，控股股东为国有性质定义为0。在控制以上变量的基础上，本书对企业的年份、地区、行业等特征变量进行控制来进一步验证分析结果的稳健性。

四　数据处理与数据来源

本书选择1999～2017年为样本观测期，原因在于新中国成立以来，中国区域发展战略经历了三个时期：1949～1978年以公平优先为发展导向，推动内陆地区均衡发展；1979～1998年以效率优先为发展导向，扶持沿海地区率先发展；1999年至今，兼顾公平与效率，鼓励各地区协调发展，1999年至今具有较为明显的历史阶段性特征。然而，1949～1998年的诸多指标数据存在大量缺失，1999～2014年的指标数据相对较为完整。本书以沪、深两市非金融类A股公司为样本，所有涉及上市公司的财务数据和公司治理数据均来自深圳国泰安技术有限公司的CSMAR数据库。市场分割指标涉及商品和生产要素的种类选择，本书选择了纺织、服装、化妆、家用电器、金银珠宝、粮食、日用品、食品、书报、水产、饮料、油脂和中西药共计13类商品的价格指数，以及资本、劳动和原料三类生产要素。具体而言，资本要素价格指数采用固定资产投资、建筑安装、设备和其他费用支出4类价格指数，劳动要素价格指数选择城镇在岗人员工资价格指数代替，原料类价格指数选择原材料动力价格指数代替，以上所有数据均来自《中国统计年鉴》。

五　数据描述

从区域静态角度看，2017年市场分割指数按升序排列依次为长江中游、东北、西南、西北、黄河中游、南部沿海、东部沿海、北部沿海，市场分割指数越小代表地方政府保护越弱，市场整合程度越高；从区域动态角度看，各区域市场分割指数 2015 年前普遍呈现较小的波动，而在 2015 年以后，市场分割指数明显变大，地方政府保护显著扩大，市场整合程度急剧下降。具体而言，在北部沿海，天津市场分割指数在较长时间明显超过北京、河北和山东；在西北，所有省份的市场分割指数在较长时期内保持平稳，但甘肃和青海的市场分割指数在 2016 年前后出现先急剧升高而后快速下降的异常现象；在东北地区，黑龙江的市场分割指数明显超过吉林和辽宁，且在 2012 年后市场分割指数呈现逐步提升的态势；在东部沿海，上海的市场分割指数显著超过浙江和江苏；在黄河中游，各省份市场分割指数没有较大差异，在 2015 年后同步提高；在南部沿海，福建和海南的市场分割指数呈现先下降而后上升的趋势，广东市场分割指数在 2015 年前保持平稳波动，而后快速提高；在西南，只有广西市场分割指数在 2015 年后波动剧烈，其他各省份均保持平稳波动；在长江中游，2015 年后湖南的市场分割指数波动幅度超过江西、安徽和湖北。

第三节 市场分割与企业绩效关系实证检验

一 基准回归结果

面板数据分析有助于规避时间序列分析中存在的多重共线性问题，并能够保证检验结果更为全面、准确。本书按区域进行 Hausman 检验以确定其最优模型形式，即选择随机效应模型还是固定效应模型，如伴随概率大于 10% 选择固定效应模型，反之，则选择随机效应模型进行估计。表 4 - 1 统计了市场分割与生产成本和企业价值的估计结果，发现如下基本经济现象。

第一，从生产成本角度看，市场分割一次项的回归系数有四个地区显著，其中北部沿海、长江中游的市场分割一次项系数显著为正，东北和南部沿海的市场分割一次项系数显著为负，其他地区市场分割一次项系数不显著。市场分割的二次项系数在所有地区显著为负。这一结果表明，市场分割促进企业成本降低存在一个极值点，在市场分割强度达到极值点以前，其显著促进了本地企业生产成本的下降，但随着市场分割强度的提升，市场分割对本地企业生产成本下降的促进作用逐渐降低甚至为零，当市场分割强度超越极值点时，市场分割阻碍了企业生产成本的降低，这一结论也初步证明了本书研究假设是成立的，市场分割与本地企业生产成本呈倒 U 形关系，即较低强度的市场分割有助于企业生产成本的降低，而超过一定强度的市场分割则阻碍了企业生产成本的降低。

从影响生产成本的其他控制变量来看，表 4 - 1 中回归结果显示，在其他条件不变的情况下，企业股权性质的回归系数仅在东部沿海、黄河中游和南部沿海显著为正，这些区域地方保护对国有企业的影响要强于非国有企业。由于中央政府对各级政府存在业绩考核，考核的结果会直接影响官员的升迁，地方政府有动机和动力干预企业完成业绩考核指标，相比于非国有企业，国有企业更容易被地方政府干预，如为了促进就业和控制失业，对该区域的国有企业施加固定的就业比例，造成地方国有企业的冗员负担，进而导致经营成本的提高。第一大股东持股比例回归系数在北部沿海和长江中游显著，北部沿海区域企业的第一大股东持股比例与经营成本呈同向波动，长江中游地区则表现为反向波动。企业规模的回归系数在所有地区显著为正，企业规模的扩大提高了企业经营成本。回归结果同样显示，企业沉没成本的回归系数在所有区域显著为负，企业沉没成本阻碍了企业经营成本的下降，沉没成本的增加提升了新企业的进入门槛，已进入企业存在有恃无恐的心理，企业缺乏足够的动力采取措施提升企业的生产效率，从而无法有效降低企业的生产成本。企业补贴收入的回归系数在西北和西南以外的所有地区均显著为负，

表4-1 市场分割与生产成本的面板估计结果

	北部沿海	西北	东北	东部沿海	黄河中游	南部沿海	西南	长江中游
市场分割	0.000***	-0.000	-0.000*	0.000	-0.000	-0.000***	-0.000	0.000*
	(0.00)	(0.00)	(0.00)	(0.00)	(0.00)	(0.00)	(0.00)	(0.00)
市场分割平方项	-0.091***	-0.039***	-0.144***	-0.109***	-0.085***	-0.068***	-0.031**	-0.031***
	(0.01)	(0.00)	(0.01)	(0.01)	(0.01)	(0.01)	(0.01)	(0.01)
股权性质	0.034	0.000	0.049	0.089**	0.070**	0.077**	0.000	0.000
	(0.03)	(.)	(0.04)	(0.04)	(0.03)	(0.03)	(.)	(.)
第一大股东持股比例	0.061*	7.098	-0.033	0.066	-0.012	0.014	-77.429	-185.476**
	(0.03)	(46.59)	(0.03)	(0.05)	(0.03)	(0.03)	(91.25)	(86.95)
企业规模	0.766***	0.811***	0.834***	0.817***	0.832***	0.818***	0.845***	0.928***
	(0.01)	(0.01)	(0.02)	(0.02)	(0.01)	(0.01)	(0.02)	(0.02)
企业沉没成本	-0.100***	-0.058***	-0.108***	-0.113***	-0.078***	-0.110***	-0.110***	-0.113***
	(0.01)	(0.01)	(0.01)	(0.01)	(0.01)	(0.01)	(0.02)	(0.01)
企业补贴收入	-1.136***	-0.153	-116.632***	-29.715***	-98.072***	-60.236***	-1.859	-16.121***
	(0.14)	(0.21)	(11.63)	(7.50)	(12.41)	(7.82)	(1.75)	(2.84)
企业经营年限	0.010	0.000	-0.010	0.026	-0.015	0.046*	0.000	0.000
	(0.03)	(.)	(0.04)	(0.04)	(0.03)	(0.02)	(.)	(.)
常数项	0.055*	-0.195	-0.795***	-0.295***	-0.735***	-0.537***	3.527	-20.306**
	(0.03)	(1.37)	(0.09)	(0.07)	(0.10)	(0.07)	(4.26)	(9.41)
样本数	3530	4356	1792	1486	2526	2831	1111	1336
Hausman (P)	0.874	0.007	0.449	0.503	0.244	0.691	0.043	0.068

在这些地区政府基于各种目的对企业进行补贴促进了企业生产成本的降低，事实上，企业收到的政府补贴并非直接降低生产成本，而是通过促进企业生产率提升间接降低企业生产成本。企业经营年限回归系数只有南部沿海在10%统计水平上显著为正，其他地区的回归系数均不显著，这意味着经营年限对企业生产成本的变动影响并不显著。

第二，从企业价值角度看（见表4-2），市场分割一次项的回归系数只有一个地区显著，其他地区市场分割一次项系数不显著；市场分割的二次项系数除长江中游外，其他地区均表现显著，且包括长江中游在内的所有地区市场分割二次项系数均为负。这一结果表明，市场分割推动企业价值提高存在一个极值点，在市场分割强度达到极值点以前，市场分割能够推动本地企业价值的提高，但随着市场分割强度的提升，市场分割对本地企业价值提高的促进作用逐渐降低甚至为零，当市场分割强度超越极值点时，市场分割阻碍了企业价值的提高，这一结论也初步证明了本书研究假设是成立的，市场分割与本地企业价值呈倒U形关系，即较低强度的市场分割有助于企业价值的提高，而超过一定强度的市场分割则阻碍了企业价值的提高。从地方政府角度看，较低强度的市场分割，有利于本地企业价值的提高，这与地方政府对本土企业进行保护，促进产业升级获得长期竞争优势甚至实现从落后到赶超的初衷是相符的；相反，强度过高的市场分割则成了短视之举，不符合本地企业和地方政府的利益所在。

从影响企业绩效的其他控制变量方面看，表4-2中回归结果显示，企业股权性质的回归系数仅在西北、西南和黄河中游显著为负，这说明上述地区国有企业的企业价值低于非国有企业，然而在其他地区股权性质对地方企业价值的影响显著性较低。第一大股东持股比例回归系数在所有地区均不显著。企业规模的回归系数在西南和长江中游以外的所有地区显著为负，西南地区企业规模回归系数不显著但为负，长江中游企业规模回归系数不显著为正，总体而言，各地区企业规模的扩大并不能

表4-2 市场分割与企业价值的面板估计结果

	北部沿海	西北	东北	东部沿海	黄河中游	南部沿海	西南	长三角
市场分割	0.000 (0.00)	0.000** (0.00)	0.000 (0.00)	0.000 (0.00)	0.000 (0.00)	0.000 (0.00)	0.000 (0.00)	-0.000 (0.00)
市场分割平方项	-0.132*** (0.03)	-0.044*** (0.01)	-0.252*** (0.05)	-0.162*** (0.04)	-0.182*** (0.03)	-0.097*** (0.02)	-0.075** (0.04)	-0.023 (0.02)
股权性质	0.000 (.)	-0.030* (0.02)	-0.019 (0.03)	0.000 (.)	-0.057*** (0.02)	-0.018 (0.02)	-0.070** (0.03)	0.018 (0.03)
第一大股东持股比例	-13.020 (142.02)	-0.011 (0.02)	0.027 (0.03)	462.316 (3975.90)	0.007 (0.02)	0.025 (0.02)	0.012 (0.03)	-0.050 (0.04)
企业规模	-0.137*** (0.04)	-0.034** (0.02)	-0.170*** (0.04)	-0.189*** (0.06)	-0.050* (0.03)	-0.052** (0.02)	-0.037 (0.04)	0.017 (0.03)
企业沉没成本	-0.026 (0.02)	0.011 (0.01)	-0.045 (0.04)	-0.012 (0.04)	-0.005 (0.02)	-0.016 (0.02)	-0.024 (0.03)	0.004 (0.03)
企业补贴收入	-0.629 (0.44)	-0.053 (0.51)	1.128 (40.38)	-62.199** (25.81)	-34.796 (34.83)	-9.358 (21.13)	-0.281 (4.51)	0.043 (7.65)
企业经营年限	0.000 (.)	-0.005 (0.02)	0.037 (0.04)	0.000 (.)	0.010 (0.02)	-0.002 (0.02)	-0.044 (0.04)	0.026 (0.03)
常数项	1.579 (17.68)	-0.060** (0.03)	-0.041 (0.31)	115.382 (996.90)	-0.327 (0.26)	-0.102 (0.16)	-0.075 (0.06)	0.035 (0.09)
样本数	3532	4360	1793	1486	2527	2832	1112	1339
Hausman (P)	0.001	0.956	0.228	0.013	0.719	0.871	0.887	0.265

有效促进企业价值的提高，规模越大企业固然可以获得越大的社会信誉和政府支持，但并不必然有与之相匹配的资源配置能力和绩效创造能力。

企业沉没成本的回归系数在所有区域均不显著，企业沉没成本不是影响企业价值的关键因素。企业补贴收入的回归系数仅在东部沿海显著为负，显而易见，政府对企业进行补贴并没有促进企业价值的提升，或者说，政府补贴不是企业价值的关键因素。一方面，政府补贴一定程度上让一些本该退出市场的企业在优胜劣汰的市场竞争中得以保存，阻碍了企业价值的提升，另一方面，能够取得政府补贴的企业占比仍然较小，取得的金额相比主营业务占比同样很小，对企业价值影响可以忽略不计。企业经营年限回归系数在所有地区均不显著，这意味着经营年限对企业价值变动影响不显著。

二　稳健性检验

1. 稳健性检验 I：因变量替代指标

为确保得到稳健性的估计结果，本书进一步采用生产成本的替代指标相对成本、企业价值（$TobinQ$）的替代指标资产收益率进行稳健性检验，分别考察不同区域的市场分割对企业成本和企业绩效的影响。在对分区域的子样本回归分析中，本书依然采用 Hausman 检验以确定其最优模型形式，即选择随机效应模型还是固定效应模型，表 4 - 3 罗列了具体以相对成本和资产收益率为替代指标的回归结果。

由表 4 - 3 可以发现，在相对成本为因变量的估计中，市场分割的一次项回归系数只有一个区域显著，而市场分割的二次项回归系数有 50% 的区域显著为负，这一结论证明市场分割与本地企业生产率呈倒 U 形关系。与此同时，在资产收益率因变量的估计中，市场分割的一次项回归系数只有一个区域显著，而市场分割的二次项回归系数同样有 50% 的区域显著为负，但同时还有 25% 的区域市场分割的二次项系数为负，这一结论从另一个角度证明市场分割与本地企业绩效呈倒 U 形

表 4-3 因变量替代指标稳健性估计结果

相对成本

	北部沿海	西北	东北	东部沿海	黄河中游	南部沿海	西南	长江中游
市场分割	-0.000	0.000	-0.000**	0.000	0.000	-0.000	0.000	-0.000
	(0.00)	(0.00)	(0.00)	(0.00)	(0.00)	(0.00)	(0.00)	(0.00)
市场分割平方项	0.000	0.000**	-0.000	-0.000***	-0.000***	-0.000**	-0.000	0.000
	(0.00)	(0.00)	(0.00)	(0.00)	(0.00)	(0.00)	(0.00)	(0.00)
股权性质	-0.000	0.000	0.000	-0.000	-0.000*	-0.000	0.000	0.000
	(0.00)	(.)	(.)	(0.00)	(0.00)	(0.00)	(0.00)	(0.00)
第一大股东持股比例	0.000	-0.042	-0.024	-0.000	0.000	-0.000	0.048	-0.108
	(0.00)	(1.76)	(0.60)	(0.00)	(0.00)	(0.00)	(0.32)	(0.08)
企业规模	-0.000**	0.001*	0.000***	-0.000***	-0.000	-0.000	0.000***	0.000
	(0.00)	(0.00)	(0.00)	(0.00)	(0.00)	(0.00)	(0.00)	(0.00)
企业沉没成本	-0.000	0.001***	-0.000***	-0.000***	-0.000	-0.000*	-0.000***	-0.000***
	(0.00)	(0.00)	(0.00)	(0.00)	(0.00)	(0.00)	(0.00)	(0.00)
企业补贴收入	0.009***	0.052***	0.176***	0.001	0.190***	0.717***	0.097***	0.023***
	(0.00)	(0.01)	(0.01)	(0.01)	(0.03)	(0.03)	(0.01)	(0.00)
企业经营年限	-0.000	0.000	0.000	-0.000	0.000	-0.000	0.000	0.000
	(0.00)	(.)	(.)	(0.00)	(0.00)	(0.00)	(.)	(.)
常数项	-0.007***	-0.007	-0.005	-0.008***	-0.006***	-0.002***	-0.009	-0.019**
	(0.00)	(0.05)	(0.05)	(0.00)	(0.00)	(0.00)	(0.01)	(0.01)
样本数	3532	4360	1793	1486	2527	2832	1112	1339
Hausman (P)	0.207	0.004	0.000	0.847	0.678	0.000	0.395	0.001

续表

资产收益率

	北部沿海	西北	东北	东部沿海	黄河中游	南部沿海	西南	长江中游
市场分割	-0.0000	0.0000	0.0000**	-0.0000	-0.0000	-0.0000	0.0000	-0.0000
	(0.00)	(0.00)	(0.00)	(0.00)	(0.00)	(0.00)	(0.00)	(0.00)
市场分割平方项	0.0000	-0.0000	-0.0000	-0.0001**	-0.0001***	-0.0018***	0.0000	-0.0001*
	(0.00)	(0.00)	(0.00)	(0.00)	(0.00)	(0.00)	(0.00)	(0.00)
股权性质	0.0000	0.0000	-0.0000	-0.0000	0.0000	0.0000	0.0000	0.0000
	(0.00)	(0.00)	(0.00)	(0.00)	(0.00)	(0.00)	(0.00)	(0.00)
第一大股东持股比例	0.0749	-0.0057	0.0000	0.0000	0.0000	-0.2222	-0.0000	0.2567
	(0.08)	(0.08)	(0.00)	(0.00)	(0.00)	(1.91)	(0.00)	(0.36)
企业规模	-0.0000	-0.0001***	-0.0000**	-0.0001	0.0000	-0.0035***	-0.0000	-0.0002***
	(0.00)	(0.00)	(0.00)	(0.00)	(0.00)	(0.00)	(0.00)	(0.00)
企业沉没成本	0.0001***	0.0001***	0.0001***	-0.0000	0.0002***	0.0006*	0.0001***	0.0000
	(0.00)	(0.00)	(0.00)	(0.00)	(0.00)	(0.00)	(0.00)	(0.00)
企业补贴收入	-0.0002	-0.0006	0.0454***	-0.0076	-0.0546**	2.4388***	-0.0148***	-0.0050
	(0.00)	(0.00)	(0.02)	(0.03)	(0.03)	(0.32)	(0.00)	(0.01)
企业经营年限	0.0000	0.0000	-0.0000	0.0000	0.0000	0.0000	-0.0000	0.0000
	(.)	(.)	(0.00)	(0.00)	(.)	(.)	(0.00)	(.)
常数项	-0.0157	-0.0063***	-0.0061***	-0.0065***	-0.0068***	0.0134	-0.0065***	0.0216
	(0.01)	(0.00)	(0.00)	(0.00)	(0.00)	(0.01)	(0.00)	(0.04)
样本数	3532	4360	1793	1486	2527	2832	1112	1339
Hausman（P）	0.038	0.000	0.110	0.730	0.893	0.000	0.203	0.076

关系，即较低强度的市场分割促进了企业绩效的提高，而超过一定强度的市场分割则阻碍了企业绩效的提高。

2. 稳健性检验 Ⅱ：工具变量法

为排除市场分割与企业生产成本和企业价值可能存在的互为因果导致的内生性问题，本书采用工具变量法进行估计，同时，考虑到可能存在的异方差问题，工具变量估计本书选择 GMM 方法进行回归（见表 4 - 4）。在工具变量选择过程中，借鉴连玉君（2008）和李小平等（2012）方法，本书选择内生变量的滞后项作为内生变量的工具变量、外生变量的滞后项作为外生变量的工具变量。表 4 - 4 报告了工具变量 GMM 方法稳健性估计结果。Hansen 检验结果接受原假设，即所有工具变量的选择有效。结果显示市场分割的一次项回归系数仅在部分区域显著，市场分割的二次项回归系数则在大部分区域显著为负，这一结论与表 4 - 1、表 4 - 2 和表 4 - 3 基本一致，市场分割对企业生产成本和企业价值的影响呈倒 U 形关系在工具变量回归中得到证明。

第四节　市场分割下企业绩效提升的对策选择

由于分权改革、行政考核以及政府财政权责的增强，地方政府往往不顾社会的效率损失而积极推行地方保护政策。这种制度安排最终必然会作用于该地区企业，对其行为或绩效产生重要影响。以往的研究对地方保护问题的考察多从宏观层面出发，本书则致力于从企业层面来考察地方保护这种外部性制度安排如何影响企业的经济效率。本书通过对 1999 ~ 2017 年沪、深两市 A 股上市公司的实证检验，发现市场分割与本地企业绩效呈倒 U 形关系，即较低强度的市场分割有助于企业绩效的提高，而超过一定强度的市场分割则阻碍了企业绩效的提高。本书进一步采取替代变量方法和工具变量方法进行稳健性检验发现，研究结论是十分稳健的。实验结果表明，企业规模和政府补贴对企业绩效存在抑

表4-4 工具变量GMM方法稳健性估计结果

	生产成本							
	北部沿海	西北	东北	东部沿海	黄河中游	南部沿海	西南	长江中游
市场分割	-0.000	0.000	-0.000**	0.000	-0.000	-0.000	-0.000	0.000
	(0.00)	(0.00)	(0.00)	(0.00)	(0.00)	(0.00)	(0.00)	(0.00)
市场分割平方项	-0.081***	-0.028**	-0.060**	-0.072***	-0.035	-0.055**	-0.028	-0.036***
	(0.03)	(0.01)	(0.03)	(0.02)	(0.02)	(0.02)	(0.02)	(0.01)
股权性质	0.031	0.150***	0.046	0.075*	0.045	0.075*	-0.052	0.066
	(0.04)	(0.03)	(0.04)	(0.04)	(0.03)	(0.04)	(0.05)	(0.05)
第一大股东持股比例	0.055	0.050	-0.041	0.065	-0.023	0.018	0.056	0.072
	(0.04)	(0.03)	(0.04)	(0.05)	(0.04)	(0.03)	(0.04)	(0.06)
企业规模	0.831***	0.825***	0.959***	0.882***	0.955***	0.859***	0.922***	0.939***
	(0.06)	(0.05)	(0.05)	(0.04)	(0.03)	(0.06)	(0.06)	(0.04)
企业沉没成本	-0.175***	-0.120***	-0.160***	-0.151***	-0.145***	-0.177***	-0.186***	-0.180***
	(0.02)	(0.02)	(0.03)	(0.03)	(0.03)	(0.02)	(0.03)	(0.03)
企业补贴收入	-1.238***	-0.728***	-159.609***	-12.827	-123.119***	-126.619***	-4.169	-11.438***
	(0.21)	(0.20)	(26.95)	(17.89)	(35.53)	(39.54)	(4.27)	(2.29)
企业经营年限	0.008	-0.007	0.001	0.020	-0.015	0.044	0.020	-0.072
	(0.03)	(0.04)	(0.04)	(0.05)	(0.03)	(0.03)	(0.08)	(0.05)
常数项	0.105***	-0.013	-1.109***	-0.145	-0.912***	-1.027***	-0.097	-0.140**
	(0.03)	(0.03)	(0.20)	(0.14)	(0.27)	(0.30)	(0.06)	(0.06)
样本数	3329	4083	1679	1390	2360	2653	1037	1253
Hansen (P)	1.000	0.671	1.000	1.000	1.000	1.000	1.000	0.099

续表

生产成本

	北部沿海	西北	东北	东部沿海	黄河中游	南部沿海	西南	长江中游
Arellano-Bond AR (1)	0.000	0.000	0.000	0.000	0.025	0.000	0.001	0.008
Arellano-Bond AR (2)	0.042	0.742	0.006	0.067	0.092	0.612	0.919	0.302

企业价值

	北部沿海	西北	东北	东部沿海	黄河中游	南部沿海	西南	长江中游
市场分割	0.000 (0.00)	0.000** (0.00)	0.000** (0.00)	0.000 (0.00)	0.000 (0.00)	0.000 (0.00)	0.000 (0.00)	-0.000 (0.04)
市场分割平方项	-0.077*** (0.03)	-0.043*** (0.01)	-0.201*** (0.04)	-0.115*** (0.04)	-0.173*** (0.04)	-0.093*** (0.03)	-0.065*** (0.02)	-0.015 (4.21)
股权性质	0.009 (0.02)	-0.027** (0.01)	-0.025 (0.04)	-0.019 (0.02)	-0.061** (0.02)	-0.012 (0.02)	0.005 (0.06)	0.012 (13.23)
第一大股东持股比例	-0.006 (0.02)	-0.010 (0.01)	0.029 (0.09)	0.068 (0.04)	0.007 (0.03)	0.020 (0.01)	-0.004 (0.16)	-0.057 (44.57)
企业规模	-0.067** (0.03)	-0.028 (0.02)	-0.112 (0.13)	-0.115** (0.05)	-0.048 (0.03)	-0.054* (0.03)	-0.039 (0.05)	0.031 (12.96)
企业沉没成本	-0.003 (0.02)	0.006 (0.02)	-0.028 (0.06)	-0.000 (0.04)	-0.005 (0.03)	0.002 (0.02)	-0.001 (0.03)	0.011 (4.09)
企业补贴收入	-0.038 (0.12)	-0.030 (0.06)	0.000 (.)	-8.766 (7.72)	-32.630** (12.63)	-17.439 (11.10)	0.000 (.)	0.294 (20189.22)
企业经营年限	0.014 (0.02)	-0.012 (0.02)	0.036 (0.18)	0.007 (0.03)	0.012 (0.03)	0.004 (0.02)	-0.009 (0.07)	0.027 (47.61)

续表

		企业价值						
	北部沿海	西北	东北	东部沿海	黄河中游	南部沿海	西南	长江中游
常数项	-0.038	-0.075***	-0.061	-0.139	-0.298***	-0.167*	0.000	0.030
	(0.03)	(0.02)	(0.07)	(0.09)	(0.11)	(0.09)	(.)	(141.52)
样本数	3331	4084	1680	1390	2361	2654	1037	1254
Hansen (P)	1.000	1.000	1.000	1.000	1.000	1.000	1.000	1.000
Arellano-Bond AR (1)	0.000	0.001	0.001	0.013	0.000	0.002	0.049	0.096
Arellano-Bond AR (2)	0.241	0.272	0.859	0.390	0.244	0.129	0.079	0.999

制作用，通过扩大企业规模和提高政府补贴促进本土企业绩效提升不具有可行性。

现阶段，国内市场分割依然存在，且分割程度呈提高的趋势。从地方政府角度来看，市场分割的存在为地方政府带来了经济的增长，本书结论也证明，一定强度下的市场分割促进了本地企业成本的下降、企业绩效的提升，一定强度下的市场分割在一定程度上符合地方经济和政府官员的利益诉求。本书的研究结果为政府不再以 GDP 产值为考核地方官员政绩唯一指标的情形下，地方政府仍然具有一定程度的市场分割倾向提供了一个微观解释。尽管一定强度下的市场分割可能在某种程度上符合地方经济与地方政府官员的利益，然而，从国家层面来看，一方面，市场分割降低了国内各地区按照地区比较优势和潜在比较优势发展自身产业的可能性，导致区域产业集中度较低，地区之间产业结构逐渐趋同，使得地区产业结构远离地区比较优势。另一方面，市场分割妨碍了国内统一市场的形成，导致市场运行机制扭曲，极大地降低了省际资源配置效率水平。对比市场分割在地方和国家两个层面的作用，本书可以发现，如何调和市场分割在地方和国家两个层面的不同作用尤为重要。虽然政府提出未来将不以地方经济增长作为对地方政府和政府官员进行考评的唯一指标，转而更加注重经济增长质量和优化经济结构，但在地方经济和官员利益诉求导向的情形下，地方政府将转向对增长质量和产业结构等指标的追求，然而本书结论显示，一定强度下的市场分割对于本地企业绩效提升仍然发挥着不可忽视的作用。

本书认为，仅仅取消生产总值评比、不再以生产总值论英雄仍然很难对市场分割这一问题进行有效的解决，一个更加完善和有效的官员晋升激励结构的合理设计才是解决市场分割的治本之策（周黎安，2009）。因此，对政府而言，在未来发展过程中，如何保证企业绩效提升的同时逐步消除市场分割及其负面影响仍将是一个亟待解决的问题。

参考文献

［1］ 白重恩、杜颖娟、陶志刚等:《地方保护主义及产业地区集中度的
决定因素和变动趋势》,《经济研究》2004 年第 4 期。

［2］ 蔡昉:《中国经济增长如何转向全要素生产率驱动型》,《深圳大学
学报（人文社会科学版）》2013 年第 5 期。

［3］ 陈晨、陆铭、周国良:《关注城市化进程中的弱势群体——对被征
地农民经济补偿、社会保障与就业情况的考察》,《经济体制改革》
2004 年第 1 期。

［4］ 陈诗一:《中国碳排放强度的波动下降模式及经济解释》,《世界经
济》2011 年第 4 期。

［5］ 陈彦斌、马啸、刘哲希:《要素价格扭曲、企业投资与产出水平》,
《世界经济》2015 年第 5 期。

［6］ 陈钊、陆铭、陈静敏:《户籍与居住区分割:城市公共管理的新挑
战》,《复旦学报（社会科学版）》2012 年第 5 期。

［7］ 程选:《投资空间配置效率与社会公平》,《中国投资与建设》1999
年第 6 期。

［8］ 戴翔、刘梦:《人才何以成为红利——源于价值链攀升的证据》,
《中国工业经济》2018 年第 4 期。

［9］ 邓明、王劲波、林文:《要素市场价格扭曲与技术进步方向——来
自中国工业行业的经验依据》,《厦门大学学报》2017 年第 6 期。

［10］ 董直庆、陈锐:《技术进步偏向性变动对全要素生产率增长的影

响》，《管理学报》2014 年第 8 期。

[11] 樊纲、王小鲁、朱恒鹏：《中国市场化指数，各地区市场化相对
　　 进程（2011 年）》，经济科学出版社，2010。

[12] 郭圣乾、俞远鹏、唐雪：《资本与劳动力价格扭曲对城乡收入差
　　 距的影响》，《宏观经济研究》2018 年第 9 期。

[13] 何凌云、薛永刚：《要素价格变动对能源效率影响的差异性研
　　 究》，《管理现代化》2011 年第 3 期。

[14] 胡鞍钢、郑云峰、高宇宁：《中国高耗能行业真实全要素生产率
　　 研究（1995～2010）——基于投入产出的视角》，《中国工业经
　　 济》2015 年第 5 期。

[15] 胡永泰：《中国全要素生产率：来自农业部门劳动力再配置的首
　　 要作用》，《经济研究》1998 年第 3 期。

[16] 胡祖光：《宏观经济效益测度的正确指标——与于宏义同志商
　　 榷》，《科学学研究》1987 年第 2 期。

[17] 匡远凤、彭代彦：《中国环境生产效率与环境全要素生产率分
　　 析》，《经济研究》2012 年第 7 期。

[18] 李平、季永宝：《政策导向转化、要素市场扭曲与 FDI 技术溢
　　 出》，《南开经济研究》2014 年第 6 期。

[19] 李言：《中国生产要素价格扭曲的变迁：2000～2016 年》，《经济
　　 学动态》2020 年第 1 期。

[20] 林伯强、杜克锐：《要素市场扭曲对能源效率的影响》，《经济研
　　 究》2013 年第 9 期。

[21] 林雪、林可全：《中国要素价格扭曲对经济失衡的影响研究》，
　　 《上海经济研究》2015 年第 8 期。

[22] 林毅夫：《残留的制度扭曲使收入分配恶化》，《农村工作通讯》
　　 2012 年第 23 期。

[23] 林毅夫、刘培林：《地方保护和市场分割：从发展战略的角度考

察》，北京大学中国经济研究中心工作论文，2004。

[24] 刘奕、林轶琼：《地方政府补贴、资本价格扭曲与产能过剩》，《财经问题研究》2018 年第 11 期。

[25] 陆菁、潘修扬、刘悦：《劳动力成本、倒逼创新与多产品企业出口动态——质量选择还是效率选择》，《国际贸易问题》2019 年第 10 期。

[26] 陆铭、陈钊：《分割市场的经济增长——为什么经济开放可能加剧地方保护?》，《经济研究》2009 年第 3 期。

[27] 马述忠、王笑笑、张洪胜：《出口贸易转型升级能否缓解人口红利下降的压力》，《世界经济》2016 年第 7 期。

[28] 马天明、吴昌南：《要素价格扭曲对企业家精神影响的实证分析》，《统计与决策》2017 年第 12 期。

[29] 聂辉华、邹肇芸：《中国应从"人口红利"转向"制度红利"》，《国际经济评论》2012 年第 6 期。

[30] 潘雄锋、彭晓雪、李斌：《市场扭曲、技术进步与能源效率：基于省际异质性的政策选择》，《世界经济》2017 年第 1 期。

[31] 庞春：《交易效率、人口密度与厚实市场——内生分工的经济分析》，《经济学报》2019 年第 4 期。

[32] 裴小革：《经济增长理论的新发展》，《经济学动态》1995 年第 12 期。

[33] 彭国华：《中国地区收入差距、全要素生产率及其收敛分析》，《经济研究》2005 年第 9 期。

[34] 秦宝庭、史清琪、陈警：《再谈对中国技术进步的评价——兼评与世界银行报告有关的评论》，《数量经济技术经济研究》1989 年第 7 期。

[35] 单豪杰：《中国资本存量 K 的再估算：1952～2006 年》，《数量经济技术经济研究》2008 年第 10 期。

［36］沈坤荣:《中国综合要素生产率的计量分析与评价》,《数量经济技术经济研究》1997 年第 11 期。

［37］沈立人、戴园晨:《我国"诸侯经济"的形成及其弊端和根源》,《经济研究》1990 年第 3 期。

［38］石枕:《怎样理解和计算"全要素生产率"的增长——评一个具体技术经济问题的计量分析》,《数量经济技术经济研究》1988 年第 12 期。

［39］苏永照:《产业转型升级背景下中国劳动力市场匹配效率提升研究》,《财贸研究》2017 年第 6 期。

［40］唐杰英:《要素价格扭曲对出口的影响——来自中国制造业的实证分析》,《世界经济研究》2015 年第 6 期。

［41］陶小马、邢建武、黄鑫:《中国工业部门的能源价格扭曲与要素替代研究》,《数量经济技术经济研究》2009 年第 11 期。

［42］铁瑛、张明志、陈榕景:《人口结构转型、人口红利演进与出口增长——来自中国城市层面的经验证据》,《经济研究》2019 年第 5 期。

［43］涂正革:《全要素生产率与区域经济增长的动力——基于对 1995～2004 年 28 个省市大中型工业的非参数生产前沿分析》,《南开经济研究》2007 年第 4 期。

［44］王兵、吴延瑞、颜鹏飞:《中国区域环境效率与环境全要素生产率增长》,《经济研究》2010 年第 5 期。

［45］王芳、李健:《基于劳动效率的中国全要素生产率的再测量》,《现代财经》2015 年第 12 期。

［46］王杰、刘斌:《环境规制与企业全要素生产率——基于中国工业企业数据的经验分析》,《中国工业经济》2014 年第 3 期。

［47］王磊、魏龙:《"低端锁定"还是"挤出效应"——来自中国制造业 GVCs 就业、工资方面的证据》,《国际贸易问题》2017 年第

8 期。

［48］王芃、武英涛：《能源产业市场扭曲与全要素生产率》，《经济研究》2014 年第 6 期。

［49］王希：《要素价格扭曲与经济失衡之间的互动关系研究》，《财贸研究》2012 年第 10 期。

［50］王小波：《再论全要素生产率的指数估计》，《统计研究》1993 年第 4 期。

［51］王燕武、李文溥、张自然：《对服务业劳动生产率下降的再解释——TFP 还是劳动力异质性》，《经济学动态》2019 年第 4 期。

［52］王玉梅、芮源、孙欣：《能源要素价格扭曲影响碳强度的传导机制检验——基于能源结构的中介效应分析》，《统计与信息论坛》2016 年第 9 期。

［53］吴鹏、常远、陈广汉：《技术创新的中等收入分配效应：原创还是引进再创新》，《财经研究》2018 年第 7 期。

［54］吴武林、李顺辉、李婷：《要素相对价格扭曲程度及其区域差异收敛性》，《社会科学研究》2020 年第 2 期。

［55］武舜臣、徐雪高：《政府补贴、比价扭曲与粮食加工企业的资本配置——以稻谷加工业为例》，《中南财经政法大学学报》2017 年第 4 期。

［56］徐家杰：《中国全要素生产率估计：1978～2006 年》，《亚太经济》2007 年第 6 期。

［57］徐明东、陈学彬：《中国上市企业投资的资本成本敏感性估计》，《金融研究》2019 年第 8 期。

［58］徐莹莹、李平：《要素价格扭曲与中国技术进步方向》，《中国科技论坛》2017 年第 8 期。

［59］杨振兵、陈小涵：《资本价格扭曲是产能过剩的加速器吗？——基于中介效应模型的经验考察》，《经济评论》2018 年第 5 期。

[60] 易纲、樊纲、李岩:《关于中国经济增长与全要素生产率的理论思考》,《经济研究》2003 年第 8 期。

[61] 银温泉、才婉茹:《我国地方市场分割的成因和治理》,《经济研究》2001 年第 6 期。

[62] 于明远、范爱军:《人口红利与中国制造业国际竞争力》,《经济与管理研究》2016 年第 2 期。

[63] 余东华、孙婷、张鑫宇:《要素价格扭曲如何影响制造业国际竞争力》,《中国工业经济》2018 年第 2 期。

[64] 袁鹏、杨洋:《要素市场扭曲与中国经济效率》,《经济评论》2014 年第 2 期。

[65] 张慧明、蔡银寅:《中国制造业如何走出"低端锁定"——基于面板数据的实证研究》,《国际经贸探索》2015 年第 1 期。

[66] 张军、施少华、陈诗一:《中国的工业改革与效率变化——方法、数据、文献和现有的结果》,《经济学》2003 年第 3 期。

[67] 张军、施少华:《中国经济全要素生产率变:1952~1998》,《世界经济文汇》2003 年第 2 期。

[68] 张政、李雪松、王冲:《劳动力价格扭曲与绿色经济效率损失》,《云南财经大学学报》2020 年第 4 期。

[69] 赵奇伟、熊性美:《中国三大市场分割程度的比较分析:时间走势与区域差异》,《世界经济》2009 年第 6 期。

[70] 郑绍濂、胡祖光:《经济系统的经济效益度量的综合指标——全要素生产率的研究和探讨》,《系统工程理论与实践》1986 年第 1 期。

[71] 周黎安:《晋升博弈中政府官员的激励与合作——兼论我国地方保护主义和重复建设问题长期存在的原因》,《经济研究》2004 年第 6 期。

[72] 周业安、赵晓男:《地方政府竞争模式研究——构建地方政府间

良性竞争秩序的理论和政策分析》，《管理世界》2002 年第 12 期。

[73] 朱军：《政府推动与中国全要素生产率提升》，《中国工业经济》 2017 年第 1 期。

[74] 朱轶：《中国区域工业增强型技术进步与要素效率贡献——基于 面板一致性的实证比较》，《中南财经政法大学学报》2016 年第 3 期。

[75] Bachmeier, L. J. , Griffin, J. M. , "New Evidence on Asymmetric Gasoline Price Responses", *Rev Econ Stat* (85) 2003.

[76] Bai, C. , Du, Y. , Tao, Z. , et al. "Local protectionism and regional specialization: Evidence from China's industries", Social Science Electronic Publishing, 2004.

[77] Blackorby, C. , Russell, R. , "Will The Real Elasticity of Substitution Please Stand up?", *The American Economics Review*s (79) 1989.

[78] Chambers, R. G. , Färe, R. , Grosskopf, S. , "Productivity Growth in APEC Countries", *Pacific Economic Review* (1) 1996.

[79] Chang, T. , Hsieh, Peter, J. K. , "Misallocation and Manufacturing TFP in China and India", *MPRA Paper* (124) 2007.

[80] Chang, T. P. , Hu, J. L. , "The Sources of Bank Productivity Growth in China During 2002~2009: A Disaggregation View", *Journal of Banking & Finance* (7) 2012.

[81] Dai, X. , "New Development of Factor Division of Labor and China's New Round of High-Level Opening Strategy Adjustment", *Economist* (5) 2019.

[82] Djula, B. , "Technical and Total Factor Energy Efficiency of European Regions: a Two-Stage Approach", *Energy* (152) 2018.

[83] Emrah, O. , Nazlı, C. , "Improving Energy Efficiency Using the

Most Appropriate Techniquesin an Integrated Woolen Textile Facility",
Journal of Cleaner Production (254) 2020.

[84] Farkas, R., Yontcheva, B., "Price Transmission in the Presence of a Vertically Integrated Dominant Firm: Evidence From the Gasoline Market", *Energy Policy* (126) 2019.

[85] Figus, G., Peter, G. M., Kim, J., Turner, K., "Do Sticky Energy Prices Impact the Time Paths of Rebound Effects Associated with Energy Efficiency Actions?", *Energy Economics* (86) 2020.

[86] Fleisher, B., Li, H., Zhao, M. Q., "Human Capital, Economic Growth, and Regional Inequality in China", *Journal of Development Economics* (92) 2009.

[87] Fukuyama, H., Weber, W. L., "Estimating Indirect Allocative Inefficiency and Productivity Change", *Journal of the Operational Research Society* (60) 2009.

[88] Hansen, B. E., "Threshold Effects in Non-Dynamic Panels: Estimation, Testing And Inference", *Journal of Econometrics* (93) 1999.

[89] Hu, J. L., Wang, S. C., "Total Factor Energy Efficiency of Regions in China", *Energy Policy* (34) 2006.

[90] Li, K. W., Liu, T., "Economic and Productivity Growth Decomposition: An Application to Post-Reform China", *Economic Modelling* (28) 2011.

[91] Lin, B. Q., Du, K. R., "The Impact of Factor Market Distortion on Energy Efficiency", *Economic Research* (9) 2013.

[92] Liu, S., Shen, M. H., "The Reform of Administrative Examination and Approval System and the Global Value Chain Division Status of Manufacturing Enterprises", *Reform* (1) 2019.

[93] Matteo, C., Jonathan, C., "Do Technical Improvements Lead to

Real Efficiency Gains? Disaggregating Changes in Transport Energy Intensity", *Energy Policy* (134) 2019.

[94] Mirza, F. M., Bergland, O., "Pass-Through of Wholesale Price to the End User Retail Price in the Norwegian Electricity Market", *Energy Econ* (6) 2012.

[95] Morishima, M., "A Few Suggestions on the Theory of Elasticity", *Economic Review* (1) 1967.

[96] Naughton, B., "How Much Can Regional Integration Do to Unify China's Markets?", How Far Across the River 2000.

[97] Ord, J. K., Arthur, Getis., "Local Spatial Autocorrelation Statistics: Distributional Issues and an Application", *Geographical Analysis* (4) 1995.

[98] Ouyang, X. L., Wei, X. Y., "Impact of Factor Price Distortions on Energy Efficiency: Evidence from Provincial-Level Panel Data in China", *Energy Policy* (118) 2018.

[99] Pang, D. L., Su, H. W., "Determinants of Energy Intensity In Chinese Provinces", *Energy & Environment* (4) 2017.

[100] Park, A., Du, Y., "Blunting the Razor's Edge: Regional Development in Reform China.", University of Michigan and Chinese Academy of Social Sciences 2003.

[101] Parsley, D. C., Wei, S. J., "Limiting Currency Volatility to Stimulate Goods Market Integration: A Price Based Approach", *Social Science Electronic Publishing* (1) 2001.

[102] Roberto, A., Fulvio, F., "Does Energy Price Affect Energy Efficiency? Cross-Country Panel Evidence", *Energy Policy* (129) 2019.

[103] Saunders, H. D., "Fuel Conserving (and Using) Production Func-

tions", *Energy Econ* (30) 2008.

[104] Tan, R. P., Lin, B. Q., Liu, X. Y., "Impacts of Eliminating the Factor Distortions on Energy Efficiency—A Focus on China's Secondary Industry", *Energy* (183) 2019.

[105] Wang, X. L., Wen, X. H., Xie, C. P., "An Evaluation of Technical Progress and Energy Rebound Effects in China's Iron & Steel Industry", *Energy Policy* (123) 2018.

[106] Wei, T., "Impact of Energy Efficiency Gains on Output and Energy Use with Cobb-Douglas Production Function", *Energy Policy* (35) 2007.

[107] Young, A., "The Razors Edge: Distortions and Incremental Reform in the Peoples Republic of China", *The Quarterly Journal of Economics* (4) 2000.

后　记

本书写作之初仅是尝试对全要素生产率从要素角度进行进一步细分，随着研究的深入，我发现识别全要素生产率变动的成因更为重要，遂渐将视线集中到市场分割、要素扭曲和要素错配等问题上，通过梳理，意识到分配机制似乎是我国现阶段很多经济问题产生的根由。迄今为止，全世界的经济治理无非在市场经济和政府干预二者之间摇摆。经济学理论的演进历史已经证明经济理论从来就没有绝对的对或者绝对的错，只是在特定的历史时期或经济发展阶段应选择适合的经济政策，固守市场机制或政府干预机制，均会导致不同程度的经济治理失衡和走偏。事实上，中国传统的阴阳思想就很好地诠释了经济治理方式的选择，偏重阴或者阳，都会导致太阴或者太阳。

研究过程尽管艰辛，但仍然是快乐的。在此，首先要感谢的是我的至亲：我的爷爷苏景余先生、奶奶李淑珍女士，两位老人对后代的期盼永远是我前进的动力；我的叔叔苏殿国先生和婶婶卢冰封女士，在我求学的路上他们以丰富的人生阅历给我持续不断的教导和帮助，让我获益匪浅；我的大姨徐桂荣女士，在我求学的路上给予我无私的关怀和付出。我还要感谢我的爱人孙菲菲女士和爱女婷婷，我每日忙于繁重的研究工作，爱人默默地照顾双方父母，用宽容、善良与理解为我构筑安心工作的基石；爱女婷婷的欢声笑语永远是我解压的开心果。

寥寥数言，谨以为谢。

感愿岁月静安，寸草情长。

2021 年 12 月 13 日晚　于办公室

图书在版编目（CIP）数据

中国区域经济发展质量研究 / 苏宏伟著. -- 北京：
社会科学文献出版社，2022.1
ISBN 978 - 7 - 5201 - 9724 - 3

Ⅰ.①中…　Ⅱ.①苏…　Ⅲ.①区域经济 - 经济增长 -
研究 - 中国　Ⅳ.①F127

中国版本图书馆 CIP 数据核字（2022）第 018244 号

中国区域经济发展质量研究

著　　者 / 苏宏伟

出 版 人 / 王利民
责任编辑 / 高　雁
责任印制 / 王京美

出　　版 / 社会科学文献出版社·经济与管理分社（010）59367226
　　　　　　地址：北京市北三环中路甲 29 号院华龙大厦　邮编：100029
　　　　　　网址：www.ssap.com.cn
发　　行 / 社会科学文献出版社（010）59367028
印　　装 / 三河市尚艺印装有限公司

规　　格 / 开本：787mm × 1092mm　1/16
　　　　　　印张：11.25　字数：157 千字
版　　次 / 2022 年 1 月第 1 版　2022 年 1 月第 1 次印刷
书　　号 / ISBN 978 - 7 - 5201 - 9724 - 3
定　　价 / 138.00 元

读者服务电话：4008918866